Heide Haßkerl

Alte Gemüsearten neu entdeckt

Schätze aus dem Bauerngarten

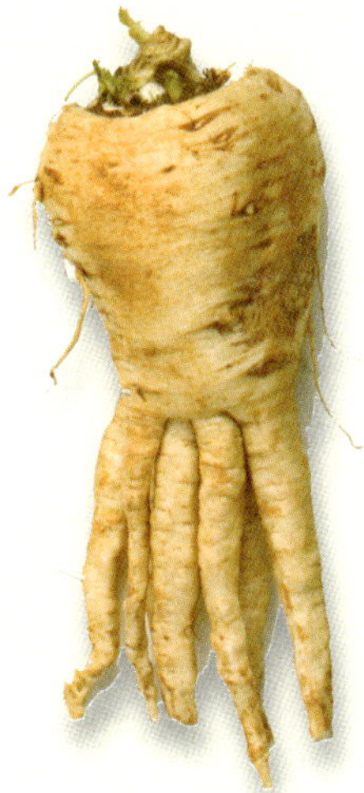

Leopold Stocker Verlag
Graz – Stuttgart

Umschlaggestaltung:
DSR | Werbeagentur Rypka GmbH., 8020 Graz

Titelfotos: Hauptfoto: Bild-Hauer, Graz; Kochen und Küche
Bilder im Textteil: Bild Hauer, Graz; Arche Noah, Schildern; Versuchsstation für Spezialkulturen Wies; Peter Liebhart, BoKu Wien; Höhere Bundeslehr- und Forschungsanstalt für Gartenbau, Schönbrunn in Wien; Kochen und Küche; Ute Gaigg, Steyrling;
Alle anderen Bilder wurden freundlicherweise von der Autorin zur Verfügung gestellt.

Bibliografische Information Der Deutschen Bibliothek
Die Deutsche Bibliothek verzeichnet diese Publikation in der Deutschen Nationalbibliografie; detaillierte bibliografische Daten sind im Internet unter http://dnb.ddb.de abrufbar.

Hinweis: Dieses Buch wurde auf chlorfrei gebleichtem Papier gedruckt. Die zum Schutz vor Verschmutzung verwendete Einschweißfolie ist aus Polyethylen chlor- und schwefelfrei hergestellt. Diese umweltfreundliche Folie verhält sich grundwasserneutral, ist voll recyclingfähig und verbrennt in Müllverbrennungsanlagen völlig ungiftig.

ISBN 978-3-7020-1142-0

Layout und Repro: Werbeagentur | Digitalstudio Rypka GmbH., 8020 Graz
Druck: Druckerei Theiss GmbH, 9431 St. Stefan
Printed in Austria

Inhalt

Die Idee zu diesem Buch

Fürstlich speisen, wer möchte das nicht!? Und dabei noch sicher sein vor unzulässig hohen Belastungen durch chemische Mittel aus der Landwirtschaft oder gentechnisch verunreinigte und/oder durch Hilfs- und Zusatzstoffe verseuchte Nahrung. Reich an köstlichem Geschmack soll das Essen darüber hinaus natürlich auch sein! Und es soll einen positiven Effekt auf Gesundheit und Wohlbefinden ausüben!

Gibt es derartige Lebensmittel überhaupt noch bei uns? Und wenn es sie gibt: Kann sich ein Normalverdiener diese überhaupt leisten oder stehen solche Lebensmittel nur den „Besserverdienern zur Verfügung? Die Antwort auf diese Fragen lautet Ja! Es gibt tatsächlich Lebensmittel, die ihrem Namen alle Ehre machen, die prima schmecken und einen überaus positiven Effekt auf Gesundheit und Wohlbefinden ausüben. Sie sind so reich an Vitalstoffen, dass allein der klare Geschmack Botschafter ihrer Güte ist! Mit Genmanipulation haben sie allerdings nichts zu tun! – Die Rede ist von den alten Kulturpflanzen, jenen wunderbaren Gewächsen, deren Genuss früher einmal nur den Fürstenhäusern vorbehalten war, wie die Topinambur, die Kartoffel, die Rapontika – auch bekannt unter dem Namen „Schinkenwurz" – oder das Teltower Rübchen.

Verfolgt man die Geschichte dieser Pflanzenschätze zurück, offenbaren sich ganz wunderbare Begebenheiten. Dann erfährt man von Kartoffeln, die ehemals einen fürstlichen Blumengarten zierten, von der Erdartischocke – die besser bekannt ist unter dem Namen „Topinambur", mit der die Fürsten auf prachtvollen Banketten ihre Gäste verwöhnt haben, von einer Pflanze die „gute Frau" heißt, einer, die die Trolle magisch anzieht, und, und, und...

Stielmus

Es sind herrliche Geschichten um ganz wunderbare Pflanzen, die bis heute nichts an ihrem Wert eingebüßt haben!

Im Gegenteil: Der Verzehr dieser Gemüsesorten übt gerade in unserer modernen Zeit – in der die Märkte von ungesunden Nahrungsmitteln überschwemmt sind – eine äußerst positive Wirkung auf den ganzen Organismus aus, wovon alle Altersgruppen profitieren können. Die positiven Wirkungen hierbei sind so vielfältig wie die Gemüse auch, und neben einer deutlichen Hebung des Wohlbefindens ist auch eine spürbar angenehme Wirkung auf die Psyche zu bemerken. „Historische" Gemüse versorgen den Körper zudem optimal mit allen lebensnotwendigen Inhaltsstoffen, so dass auch eine prophylaktische Gesundheitsvorsorge in der Regel möglich ist. Ein weiterer, ungemein positiver Aspekt ist die einfache Kultur dieser Pflanzen. Auch Personen, die nicht viel vom Gärtnern verstehen, ist es möglich und zu empfehlen, alte Gemüsearten in den Garten zu holen! Diese Pflanzen stellen meist weniger Ansprüche an Klima und Boden als moderne Gemüse und wachsen selbst an Plätzen, an denen letztere nicht angebaut werden können. Und viel Unkrautjäten und Wassertragen muss man bei all diesen Pflanzen auch nicht! Alte Kulturpflanzen, das ist das Wunderbare an ihnen, wachsen, kaum dass der Same der Erde übergeben wurde: stetig, kraftvoll, strotzend. Diese Gemüse sind urgesunde Pflanzen, die auf die gesamte Energie des Kosmos zurückgreifen und diese schließlich auch in den Garten holen. – Alte Kulturpflanzen sind das Beste, das einem Garten widerfahren kann. Mitunter sind sie überdies dermaßen dekorativ, dass sie selbst im Blumenbeet einen passenden Platz finden können!

Warum diese Pflanzen trotz ihrer immensen Vorteile aus dem Anbau verschwunden sind, soll in den nachfolgen Kapiteln kurz erklärt werden. Soviel vielleicht vorweg: Natürlich verbirgt sich hinter diesem Verschwinden auch die Nahrungsmittelindustrie; historische Gemüsearten lassen sich nämlich nur schwer in ein industrielles Korsett zwängen.

Bevor sie jedoch – aus höchst zweifelhaften Gründen – gänzlich aus dem Anbau verdrängt werden, möchte ich betonen, dass der Erhalt dieser „historischen" Pflanzen die Selbstbestimmung der Nahrungsmittelwahl und somit unsere Lebensgrundlage sichern hilft und damit nicht zuletzt auch die Würde eines jeden Menschen. –

Warum alte Gemüsearten?

Der Verlust

Wenn der Sommer sich in seinen schönsten Farben zeigt und im Garten das Paradies Gestalt annimmt, öffnet das Leibniz-Institut in Gatersleben seine Pforten und gestattet allen Interessierten einen Blick auf die Kulturpflanzen-Vielfalt-Genbank vergangener Tage, die dort bewahrt wird. Wenngleich es auch einem solchen Institut nicht möglich ist (auch die Vereine zum Erhalt der Kulturpflanzenvielfalt beklagen einen Mangel an „Erhaltern" und können nicht immer sämtliche Sorten anbauen!), in Anbetracht des zu bewahrenden immensen Pflanzenvorkommens – allein 15.883 verschiedene Gemüse! – jedwede Art und Sorte in jedem Jahr anzupflanzen, so werden doch in wechselndem Tonus zahlreiche Sorten und Arten zur Aussaat gebracht; immerhin so viele, dass dem Kenner und Liebhaber der Atem stockt. Zum Beispiel werden im Leibniz-Institut fast 1.000 Kürbisse sowie über 700 Gurken erhalten, von denen in jedem Jahr verschiedene Sorten und Arten zu bewundern sind. Der Getreidebestand umfasste 2005 sage und schreibe 64.320 unterschiedliche Pflanzenarten und Sorten, wobei allein die Getreideart Weizen beinahe die Hälfte des Bestandes ausmachte; daran mag man erkennen, wie wichtig dieses Getreide für den Menschen ist. Leider entsprechen aus diesem gewaltigen Pool nur sehr wenige Arten der industrialisierten Landwirtschaft und der Lebensmittelindustrie; wie viel schöner, interessanter und erkundenswerter wäre unser aller Umfeld, wenn auf den Feldern dieser Welt diese vergangene, teilweise nunmehr in konservierendem Spiritus verlaufende Vielfalt noch dominieren würde!

Dicke Bohnen

Blaue Kartoffel

In Zahlen ausgedrückt, stellt sich der Schwund folgendermaßen dar: Mehr als 75 Prozent der Kulturpflanzensorten gingen unwiederbringlich verloren! So hat es noch vor weniger als 100 Jahren über 1.000 Sorten Bohnen gegeben, Tomaten in Formen, Farben und Geschmäckern jenseits der Vorstellungskraft, Kürbisse in ungeahnten Formen und Farben. Allein 2000 verschiedene Apfelsorten werden für Deutschland vermutet, leider ruhen die meisten davon in den Genbanken. Auch bei der Kartoffel ist eine ähnliche Entwicklung zu verzeichnen. So wurden während der Kartoffelausstellung 1875 in Altenburg/Thüringen beispielsweise 2.644 Sorten verschiedener Kartoffeln ausgestellt. Auch ihr Schicksal verläuft sich in den konservierenden Spiritus der Genbanken.

Wenn man die „Vielfalt" der heutigen Zeit dagegenhält: Derzeit werden etwa 25 Apfelsorten im Erwerbsobstbau als Tafelsorten angebaut. Davon werden etwa sieben (Boscoop, Cox Orange, Golden Delicious, Elstar, Gloster, Jonagold, Granny Smith) bevorzugt vom Handel angeboten. Weiterhin hat die Generosion auch unter der stattlichen Anzahl der Kartoffelsorten gewütet, davon blieben etwa noch 50 verschiedene Sorten übrig (Industriekartoffeln zur Stärkegewinnung inbegriffen), von denen etwa 25 noch für Erwerbszwecke angebaut werden.

Die Gründe für den drastischen Rückgang der Arten- und Sortenvielfalt liegen größtenteils in der Industrialisierung der Landwirtschaft. Die „Negerkartoffeln" beispielsweise, die auch gern mit dem Zusatz „Trüffel" versehen werden und die tatsächlich einen ausgezeichneten Geschmack aufweisen, haben ihre Anbaubedeutung verloren, da sie aufgrund der dunkelvioletten Färbung den Erdklumpen des Ackers ziemlich ähnlich sind; ich habe festgestellt, dass sie tatsächlich auch etwas schwerer sind als gelb- und weißfleischige Sorten. Anderen Gemüsen erging es ähnlich, denken wir nur an das

Schicksal der Tomate, die in unseren Tagen mehr einem roten Tennisball gleicht – die Spanier bezeichnen sie treffend als „Kampftomate! Sie übersteht, dank moderner Züchtungsarbeit, problemlos einen Sturz aus über einem Meter Höhe unbeschadet und ist somit maschinell erntbar geworden. Dass eine derartige Tomate nichts mehr mit einer herkömmlichen Gartentomate gemein hat als Regenwasser mit Leitungswasser, dürfte ziemlich klar sein. Dass aber auch der Geschmack der roten Frucht dabei zu kurz kommt, wissen nicht nur die Anhänger der Slow-Food-Bewegung, die den Produkten der Agrarfabriken den Rücken gekehrt haben und sich an den naturnah produzierten Delikatessen aus der regionalen Küche laben.

Mairüben

Die Vorteile „historischer" Kulturpflanzen

- Alte Gemüsesorten sind immer noch die Pflanzen, die aus einer Gartenkultur hervorgegangen sind! Sie sind optimal an die Bedürfnisse der Hausgartenbesitzer angepasst und versorgen den Gärtnernden über einen sehr langen Zeitraum ständig mit frischem Erntegut.

- „Historische" Gemüsesorten bestechen durch ein unvergleichliches, ursprüngliches Geschmackspotenzial.

- Gerade die „historischen" Gemüse zählen teilweise wieder zu den selteneren Delikatessen! Dabei ist die Kultur im eigenen Garten so einfach, dass selbst Kinder diese Gemüsearten anbauen können.

Nachtkerze

Mangold

- Spielt einmal das Wetter verrückt – in den Jahren 2005 – 2006 war das Frühjahr deutlich zu kalt und viel zu naß –, dann wachsen diese Pflanzen dem Wetter zum Trotz: unbeirrbar, kraftvoll und gesund; alte Kulturpflanzen sind „alte Hasen", was das Wetter angeht – sie haben in ihrer Entwicklungsgeschichte schon so manchen Wetterunbilden begegnen müssen, das demonstrieren sie eindrucksvoll.

- Nicht nur der Anbau im eigenen Garten erfordert keine umfassenden gärtnerischen Kenntnisse, auch die Pflege dieser Gemüsesorten bis zur Ernte gestaltet sich äußerst angenehm; alte Kulturpflanzen üben sich in angenehmer Bescheidenheit, so dass auch jener Personenkreis, der eigentlich keine Zeit zum Gärtnern hat, durchaus diesem Hobby mit viel Freude nachgehen kann.

Historische Gemüsearten: ein ursprüngliches, unverfälschtes, einzigartiges Geschmackserlebnis

- Es sind Pflanzen, denen ein ganz besonderes Ambrosia innewohnt, das es oft über den Wert als Lebensmittel hinaushebt. Alte Gemüse gehören nicht nur in ein Gemüsebeet, ihrer Schönheit wegen gebührt diesen Pflanzen auch oft ein Platz im Blumenbeet.

- Ihre Kultur stellt eine Form des Widerstandes gegen die Vereinheitlichung dar! Alte Kulturpflanzen tragen deutlich zum Erhalt der Vielfalt bei, die seit der Einführung der industrialisierten Landwirtschaft kontinuierlich ausgedünnt wird.

Herbstrüben

Alte Kulturpflanzen tragen wesentlich zur Gemüsevielfalt bei

- Sämtliche alte Kulturpflanzen sind samenfeste Pflanzen und können zur Samengewinnung genutzt werden, so dass eine Abhängigkeit von einem Saatgutproduzenten nicht mehr gegeben ist. Zusätzlich kann im eigenen Garten Züchtungsarbeit betrieben werden!

- Die Vielzahl der Verwendungsmöglichkeiten kennt kaum Grenzen; roh, gedünstet, gebraten, frittiert...

- Von zahlreichen Vertretern „historischer" Gemüse sind alle Pflanzenteile verwendbar!

Hoher Gehalt an sekundären Pflanzenstoffen

- Der Verzehr alter Kulturpflanzen ist dank der vielen sekundären Pflanzenstoffe auch noch urgesund; das Beste sollte für jeden von uns gerade gut genug sein. Außerdem kann man gerade bei ihnen vor einer eventuell vorgenommenen Genmanipulation sicher sein.

Pastinak: ein geschätztes Mittel gegen Steinleiden und Verdauungsbeschwerden

Dass dies kein leeres Gerede ist, wird am Beispiel der Pastinake deutlich. Gerade sie war noch vor einigen wenigen Jahren bloß in Kennerkreisen bekannt. Mittlerweile steht sie auf der Einkaufsliste jedes Gourmets, und in den Vereinigten Staaten zählt sie zu den Delikatessen. Wird diesem sicher wichtigen Aspekt noch jener der gesundheitlichen Bedeutung dieser Wurzel hinzugefügt: Förderung des Einschlafens, Linderung von Magenschmerzen und Verdauungsbeschwerden, hilfreich bei Blasen-,

Rote Melde

Portulak

Nieren- und Steinleiden und, und, und, könnte passieren, dass auch die Pastinake hierzulande zum „Renner" wird. Dass sie, nebenbei gesagt, nicht nur nicht beikrautanfällig ist, sondern mit Unkraut gut fertig wird, mit längeren Trockenzeiten gut zurecht kommt, kaum Schädlingsbefall hat, sollte an entsprechender Stelle einmal vorgetragen werden.

Portulak: Herztonikum schlechthin!

Ähnlich ergeht es der Gartenmelde. Sie wurde 1999 nicht umsonst zur „Pflanze des Jahres" gekürt, „Melde-Pflicht" besteht für jeden Garten!

Andere historische Kulturpflanzen finden ebenfalls so peu à peu ihren Weg zurück auf unsere Teller. Nehmen wir als letztes Beispiel den Portulak. Seine gesundheitsfördernden Eigenschaften machen ihn neben dem delikaten Geschmack zu einer gar köstlichen Medizin; moderne

Wissenschaftler haben ihm faszinierende Wirkungen auf Herz und Kreislauf nachgesagt, ja ihn zu einem „Herztonikum“ gestempelt. Leider gibt es viel zu wenig Rezepte im Umgang mit ihm, und es wissen zu wenig Menschen von seiner beachtlichen gesundheitlichen Wirkung.

Ich bemühe mich nun seit Jahren um die „Alten Kulturpflanzen“ und habe ein Buch erarbeitet, in dem die Geschichte dieser Pflanzen sowie deren Kultur erläutert wird. Abgerundet werden diese Informationen durch schmackhafte, vollwertige, verständlich gehaltene Rezepte.

Ich habe feststellen dürfen, dass die historischen Pflanzen starke „Wesen“ darstellen, die beim Verzehr nicht nur auf den Körper wirken, sondern überdies auch einen erheblichen Einfluss auf Seele und Psyche ausüben. Um ebenfalls in den Genuss dieser Erkenntnis zu gelangen, empfehle ich, achtsam mit den Gewächsen des Gartens umzugehen. – Jedwedes hat seinen Sinn, es gibt weder gut noch schlecht!

Alte Gemüsearten: eine Wohltat für Körper und Seele

Aus der Apotheke der Natur

Sekundäre oder bioaktive Pflanzenstoffe kommen in Obst, Gemüse, Getreide, Kartoffeln, Hülsenfrüchten sowie fermentierten Lebensmitteln vor. Für die Pflanzen sind sie zum Schutz gegen Schädlinge oder UV-Strahlung und zur Regulation des Wachstums wichtig, außerdem sorgen sie für Farbe und Aroma.

Buchweizensamen

Auch für den menschlichen Organismus haben sie viel zu bieten. Im Gegensatz zu den primären Pflanzenstoffen, beispielsweise Kohlenhydrate, Fette, Eiweiße, wirken sie nicht als Nährstoffe, sondern haben eine pharmakologische Wirkung. Dabei genügen meist schon kleinste Mengen dieser chemisch sehr unterschiedlichen Verbindung. Mittlerweile gilt als erwiesen, dass das Krebsrisiko deutlich sinkt (antikanzerogene Wirkung), dass allein durch Verzehr dieser Stoffe die Bildung freier Radikaler oder anderer schädigender Moleküle gehemmt (antioxydative Wirkung), das Immunsystem gestärkt (immunmodulierende Wirkung) und man vor Infektionen mit Pilzen, Bakterien und Viren geschützt wird. Darüber hinaus senken bestimmte Wirkstoffe den Cholesterinspiegel oder beeinflussen den Blutzuckerspiegel positiv.

Bioaktive Pflanzenstoffe wirken den „Freien Radikalen“ entgegen

Viele sekundäre Pflanzenstoffe sitzen direkt unter der Schale und in den Randschichten. Sie sind in der Regel hitzeempfindlich. Daher ist es besonders empfehlenswert, Obst und Gemüse häufig roh zu verzehren und vorher nur gründlich zu waschen, anstelle es zu schälen. Da gleichzeitig auch eventuell vorhandene Rückstände von Pflanzenschutzmitteln aus der Landwirtschaft vornehmlich in den Randschichten sitzen können, sollte Obst und Gemüse aus biologischer Erzeugung bevorzugt zum Rohverzehr verwendet werden.

Bioaktive Substanzen kommen nur in Pflanzen, und das in sehr unterschiedlichen Mengen, vor. Menschen mit „normalen" Verzehrgewohnheiten nehmen täglich schätzungsweise 1,4 g sekundäre Pflanzenstoffe zu sich. Vegetarier können ohne weiteres auf die doppelte Menge kommen.

Schätzungen gehen von 60.000–100.000 sekundären Pflanzenstoffen aus. Bislang wurden aber noch nicht einmal 10 Prozent der auf der Erde vorkommenden Pflanzen analysiert.

Sekundäre Pflanzenstoffe sitzen vermehrt in den Randschichten und sind hitzeempfindlich

In einer Ernährungs-Qualitäts-Studie, der „Klosterstudie", die vom Forschungsring für Biologisch-Dynamische-Wirschaftsweise e. V. durchgeführt wurde, wurde der Frage auf den Grund gegangen, ob tatsächlich aus einer Umstellung von konventionellen Lebensmitteln auf biologisch-dynamische mehr Wohlbefinden und geistige Frische resultiert. Das erste Ergebnis zeigte eindeutig, dass sich durch die Umstellung das Wohlbefinden der Testpersonen – in diesem Fall Schwestern in einem Kloster – deutlich gebessert hatte. Während eines Interviews in der ZDF-Sendung „Abenteuer Wissen" vom 10. 4. 2004 bestätigten diese Testpersonen die Besserung ihres Wohlbefindens (das vollständige Ergebnis der Studie ist nachzulesen in der Zeitschrift „Lebendige Erde", Ausgabe 4, 2003, Seite 42–47).

Wichtige bioaktive Substanzen im Überblick

- **Karotinoide** sind Farbstoffe, die vor allem in gelben, orangefarbenen und roten Pflanzen, aber auch in vielen grünblättrigen Gemüsen enthalten sind. Sie können antioxydativ, antikanzerogen und immunmodulierend wirken, überdies senken sie den Cholesterinspiegel.

Polyphenole sind in Farb-, Geschmacks- und Geruchsstoffen enthalten

- **Polyphenole** kommen besonders in den Randschichten von frisch geerntetem Obst, Getreide und Gemüse vor. Hier ist der Gehalt bei Pflanzen aus dem Freilandanbau deutlich höher als bei Gewächshauskulturen. Zu diesen Substanzen zählen viele Farb-, Geschmacks- und Geruchsstoffe. Sie wirken antikanzerogen, antimikrobiell, immunmodulierend, antioxydativ, entzündungshemmend und können Blutdruck und Blutzuckerspiegel positiv beeinflussen.

- **Saponine** sind die Bittermacher der Pflanzen. Zum Beispiel: Getreide, Spinat, Hülsenfrüchte, Löwenzahn, Chicoree. Sie wirken antikanzerogen, antimikrobiell, cholesterinsenkend und immunmodulierend.

- **Phytosterine** sind das pflanzliche Gegenstück zum Cholesterin tierischer Produkte. Sie befinden sich überwiegend in Pflanzensamen und daraus gewonnenen -ölen, etwa in Sojabohnen, Getreidekeimen oder Nüssen. Sie tragen zur Senkung des Cholesterinspiegels bei.

- **Phytoöstrogene** sind in Soja- und Vollkornprodukten, aber auch in Leinsamen enthalten. Sie haben antikanzerogene und antioxydative Wirkungen.

- **Phytinsäure** kommt reichlich in Hülsenfrüchten und den Randschichten von Getreide vor. Sie wirkt antikanzerogen und senkt den Blutzuckerspiegel.

- **Sulfide** stecken in fast allen Zwiebelgewächsen wie Knoblauch, Zwiebel oder Poree. Die schwefelhaltigen Stoffe wirken antikanzerogen, antimikrobiell und entzündungshemmend, auch beeinflussen sie den Blutdruck, die Blutfettwerte und das Immunsystem positiv.

Ackerbohne (Dicke Bohne)

Der Garten

Von der Planung bis zur Aussaat

Saatgut selbst gewonnen

Nicht nur der Mensch ist, was er isst

Welche Pflanzen wann und wie

Von der Planung zur Aussaat

Gehen lernen ist gar nicht so einfach. Jedenfalls wird das deutlich, wenn Kleinkinder ihre ersten ungeschickten Schritte wagen. Auch Hinfallen und wieder Aufstehen müssen geübt werden.

Natürlich geht auch in einem Garten nichts von allein! Früher war es jedem möglich, einen Garten selbstständig zu bewirtschaften, da einst so ziemlich jeder in einen Garten hineinwuchs, also von den Eltern oder Großeltern mit viel praktischem Wissen versorgt wurde.

Mittlerweile ist viel von diesem Wissen abhanden gekommen, so dass sich der Einstieg bisweilen recht kompliziert gestalten kann.

Heute ein Einstieg mit Anleitung – einst überliefertes Wissen

Ich denke in diesem Zusammenhang an eine nette Episode mit einer Freundin: Helena wollte Tomaten aus Samen selbst ziehen und hatte auf mein Anraten hin einige Samen im zeitigen Frühjahr in einen Blumentopf gesät. Sie hat die Samen gegossen, an einen warmen Platz gestellt und dem Aufgehen der Tomaten entgegengefiebert. Bei einem späteren Besuch präsentierte sie mir sichtlich stolz ihren Blumentopf und verwies auf den vermeintlichen Tomatenschatz: eine bunte Mischung vieler kleiner Pflänzchen, von denen allerdings keines einem Tomatensamen entsprungen war. Sie beteuerte, nur „Unkraut" ausgezupft zu haben! Woher sollte sie auch wissen, wie Tomatenpflänzchen aussehen, wenn sie aus der Samenschale durch die Erde dem Licht entgegenbrechen? Ähnlich ergeht es vielen Menschen, die zum ersten Mal Gemüsesamen ausgesät haben und nicht wissen, wie die winzigen Gemüse-Pflänzchen ausschauen und wie die Beikräuter aussehen! Da nützt es auch reichlich wenig, die Reihen zu kennzeichnen, in denen das Gemüse aufgehen soll. Entscheidend für ein erfolgreiches Gärtnern ist die Beobachtungsgabe – Gärtnern entspannt ungemein, da Geduld und Ruhe Voraussetzung sind und geübt werden! Mit ein wenig Gespür für die Pflanzen kommt man hinter das Geheimnis der Pflanzenidentität. Meine Ruhe und mein Gespür für Pflanzen haben mich noch nie verlassen, auch nicht bei Pflanzen, die mir unbekannt waren: Ich wurde einmal in die Nähe von Danzig gerufen, wo ein Freund eine Kräuterfarm gegründet hatte. Unter anderem sollte auf einem Acker, nach dessen Aussage, Römische Kamille wachsen, die allerdings von Unmengen Hundskamille durchwachsen war. Was ist was?, war die Frage! Im ersten Moment war ich ratlos, da mir die Römische Kamille zu diesem Zeitpunkt nicht bekannt war, doch dann betrachtete ich einige Pflanzen etwas genauer, zupfte Blätter ab und versuchte am Geruch einen Unterschied auszumachen, bis ich bald erkannte, dass sich beide Kamillenarten grundlegend in der Färbung unterschieden; die Römische Kamille hatte leicht gerötete Pflanzenherzen, während die Hundskamille auch im Zentrum saftig grün war. Nun konnten die emsigen Kräuterpfleger den Acker säubern.

Erfolgreiches Gärtnern: Geduld, Ruhe und eine gute Beobachtungsgabe

Mein Rat deshalb: Erst einmal den Gemüsesamen in ein gut vorbereitetes Saatbett geben. Gut vorbereitet heißt: von Beikraut befreit, gut durchgelockert, feinkrümelig und nicht ausgetrocknet. Auf der Samenpackung steht in der Regel die Keimdauer. Ich gebe zu Pflanzen, deren Samen spät aufläuft (Pastinake, Karotte) ein paar Samen von Pflanzen, die sehr schnell keimen (Radieschen, Stielmus, Senf). So kann die ganze Pflanzenreihe prima markiert und schon vor dem Aufgehen der langsam keimenden Pflanzen relativ beikrautfrei gehalten werden.

Saatbett: beikrautfrei, gut gelockert und feinkrümelig

Übrigens: Beikraut oder Unkraut unterscheiden sich lediglich in der geistigen Einstellung des Gärtners! Respektvolle Gärtner werden niemals eine Pflanze schnöde als „Unkraut" titulieren, sondern als Beikraut bezeichnen!

Sinnvolle Garten-Planung als erster Schritt

Bei der Planung kommt es auf das gewünschte Ausmaß der Selbstversorgung an. Für den Profi ist es selbstverständlich, bei der Bedarfsermittlung neben einer über das ganze Jahr sich erstreckenden Ernte auch den Bedarf der Familie an Gemüse während der Winterpause zu berücksichtigen. Bei dem derzeitigen Preisniveau können die Vorratshaltung und die entsprechende Konservierung durchaus wieder lohnenswert sein, zumal hier qualitativ hochwertige Lebensmittel entstehen, die mit Geld eigentlich nicht mehr bezahlbar sind! Das Ergebnis können Chutneys, Ketchup, Essiggemüse, milchsaures Gemüse, aromatische getrocknete oder tiefgefrorene Gartenkräuter und lagerfähiges Gemüse sein. Doch bevor die Vorratschränke befüllt werden können, will das alles erst einmal angebaut werden.

Gartenplanung setzt eine durchdachte Bedarfsermittlung voraus

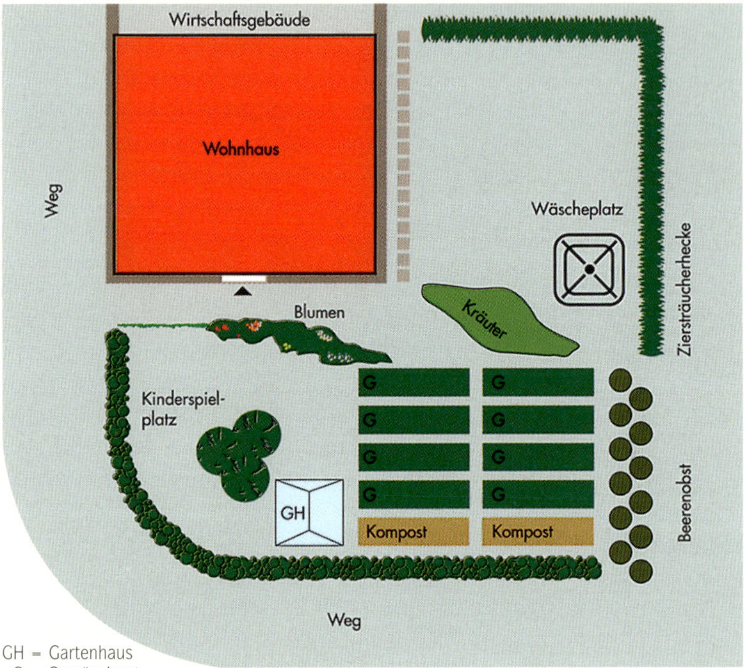

Grundstücksplan

Insgesamt ist zu überdenken:

Auf richtige Platzierung und Verträglichkeit achten!

- Häufiger genutzte Gemüse und Kräuter so platzieren, dass sie auch bei Regenwetter gut erreichbar sind.
- Dauerkulturen einen „dauerhaften" Platz zuweisen!
- Auf Verträglichkeiten achten; nicht jede Pflanze – z.B. Kartoffeln, Möhren oder Zwiebeln – verträgt frisch gedüngten Boden!
- Das Frühbeet bekommt einen vollsonnigen Platz!
- Wurde die Gartenfläche im Vorjahr auch als Gartenfläche genutzt, sollten auf den gleichen Flächen hintereinander nicht die gleichen Kulturpflanzen angebaut werden.
- Ein Gefäß für Regenwasser oder zum Erwärmen des kalten Leitungswassers sollte vorhanden sein, da Pflanzen in der Regel empfindlich auf Gießen mit kaltem Leitungswasser reagieren.
- Schädlingsbekämpfung und Beikrautregulierung sollten ohne Chemie auskommen!

Wer diese wenigen Punkte beachtet, wird einen schönen Gemüsegarten haben und kann sich auf eine reiche Ernte urgesunder, vitalstoffreicher Gemüse freuen.

Beispiel eines Gartenplanes mit Beeteinteilung

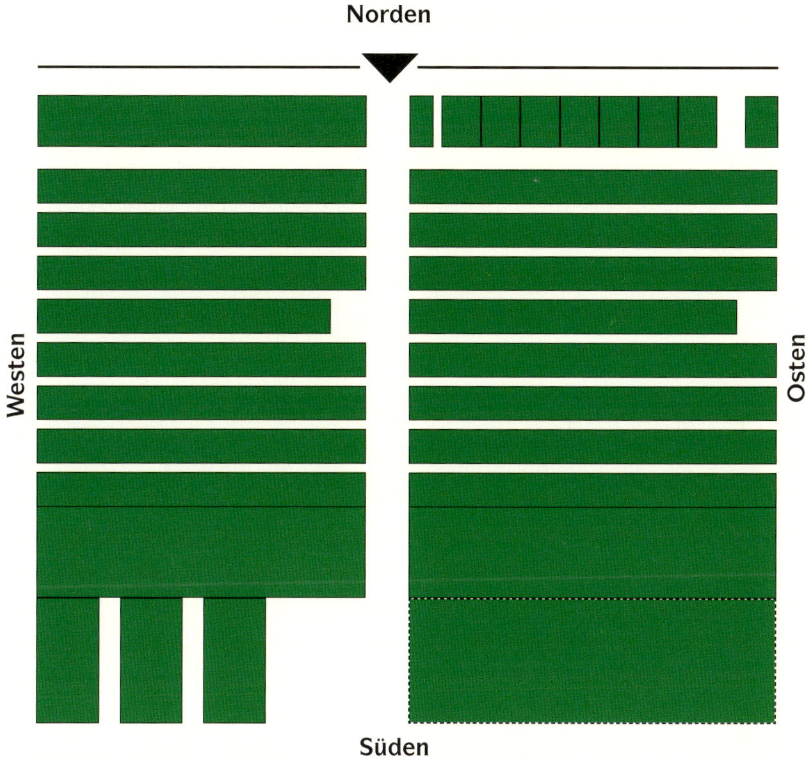

Gartenskizze für die Anbauplanung

TIPP: Vor der eigentlichen Anlage eines Gartens kann ein etwa maßstabsgetreuer Plan den theoretischen Teil der Gartenplanung erheblich erleichtern. Auf dem Plan lassen sich auch Fehler bezüglich Unverträglichkeiten bestimmter Pflanzennachbarschaften korrigieren.

100 m² Gartenfläche/Person

Die Größe des Gemüsegartens wird vom Bedarf des zu versorgenden Haushaltes bestimmt. Selbstversorger sollten 100 m² Gartenfläche pro Person einkalkulieren. Werden von einer Fläche mehrere Ernten erzielt, reicht durchaus auch weniger Gartenland aus.

Saatgut selbst gewonnen

Bei einer Vielzahl verschiedener Pflanzen empfiehlt sich die Gewinnung der Samen im eigenen Garten, da diese nicht mehr im Handel erhältlich sind.

Achtung: Samengewinnung ist Züchterarbeit. Deshalb sollten Samen nur von Pflanzen gewonnen werden, die für die jeweiligen Sorten in Aussehen, Geschmack und Entwicklung typisch sind und waren – typisch bitte nicht mit ungewöhnlich groß verwechseln!

Bei der Samenzucht wird zwischen ein- und zweijährigen Pflanzen unterschieden, außerdem gibt es Pflanzen, die auch durch Teilung des Wurzelstocks oder durch Stecklinge vermehrt werden können.

Einjährige Pflanzen

Die Blüten- und Samenbildung erfolgt im Jahr der Aussaat.

Bei Samenzucht zwischen ein- und zweijährigen Pflanzen unterscheiden

Von gut entwickelten, gesunden Pflanzen werden bei trockener Witterung und vollkommener Ausreifung der Samen – färben sich größtenteils dunkel und können zwischen den Fingern nicht zerquetscht werden – nur gesunde, trockene Samen ohne jedweden Schädlingsbefall entnommen.

Bei Hülsenfrüchten empfiehlt sich nach dem deutlichen Abwelken der Pflanzen eine Nachtrocknung der Samen. Hierfür werden die Hülsen in einem luftigen Beutel oder ganze Pflanzen gebündelt an einem trockenen, luftigen Ort (Dachboden) zum Trocknen aufgehängt.

Die Samen sollten entweder in Papiertüten oder Stoffbehältnissen kühl, trocken und dunkel aufbewahrt werden.

Ackerbohnen-Samen

Sojabohnen

Samen verschiedener Gemüsearten (links: Melde; rechts: Haferwurzel)

Zweijährige Pflanzen

Diese Pflanzen blühen erst im zweiten Jahr und bilden dann auch erst die Samen aus. Man unterscheidet dabei Arten, die im Beet verbleiben können, und Arten, die im frostfreien Keller oder in einer Miete überwintert werden müssen. Mehr Informationen hierzu in den einzelnen Pflanzenporträts.

Zur Samenanzucht werden auch bei den zweijährigen Pflanzen nur arttypische und gesunde Exemplare ausgewählt.

Bei den Pflanzen, die im frostfreien Raum überwintert werden müssen, sollte vor dem Einbringen in das Winterquartier die Wasserzufuhr drastisch reduziert werden; in einem niederschlagsreichen Herbst empfiehlt sich die Konstruktion eines Daches, das vor dem Regen schützt. Ebenfalls ist es sehr ratsam, die Pflanzen so lange wie möglich im Freien zu belassen und erst mittelbar vor den Nachtfrösten einzuquartieren.

Im zeitigen Frühjahr werden diese Pflanzen dann in ein vorbereitetes, nicht frisch gedüngtes Saatbeet gebracht. Bald erscheinen die ersten Blätter, kurze Zeit später schieben die Blütenstängel empor. Bei den Pflanzen, die an Ort und stelle überwintern können, sollte auf Schädlingsbefall geachtet werden! Nicht selten finden sich im Spätherbst hungrige Nager ein, welche die Knollen und Wurzeln restlos verzehren können.

Schwarzwurzelblüte

TIPP: Bei den meisten Pflanzen reifen die Samen nach und nach – so sollten sie auch geerntet werden! Zum Nachtrocknen der kleinen Samen empfiehlt sich ein Ausbreiten an einem windfreien Ort auf Küchenpapier.
Weitere exakte Angaben zur Ernte der Samen und dem Umgang mit ihnen finden Sie zu den jeweiligen Pflanzenporträts, außerdem werden von verschiedenen Saatgutfirmen Seminare zu diesem Thema angeboten.

Samenstand der Grünen Melde

Nicht nur der Mensch ist, was er isst!

Vorsicht beim Einsatz von Chemie im Garten

Dass das Fleisch von Schweinen oder Puten, die über das Futter Antibiotika verabreicht bekommen haben, diese Antibiotika auch in geringen Mengen enthält, ist seit langem erwiesen. Gefehlt hat der Beweis, dass auch die Pflanzen Antibiotika aufnehmen können. Diesen Beweis hat ein Forscherteam der Universität Paderborn, unter der Leitung von Herrn Prof. Manfred Grote, erbracht. Sie konnten eine Belastung im Salat und im reifen Getreidekorn nachweisen, die bei 0,05 Milligramm Antibiotika pro 1 kg Getreide lag (Quelle: taz 18.1. 2006).

Deshalb mein Rat: Wirklich gesunde, nährstoffreiche und vitale Pflanzen können sich nur in einer optimalen Umgebung entwickeln. Eine große Rolle spielt hierbei natürlich auch die Beschaffenheit des Erdbodens. Es sollte grundsätzlich überlegt werden, inwieweit mit Chemie im Garten umgegangen werden muss! Auch Kompost aus Kompostieranlagen besteht in der Regel nicht aus den Ingredienzien, die üblicherweise in einem Garten anfallen.

Am besten werden sämtliche kompostierfähigen Gartenabfälle auf den Gartenkompost gegeben und werden dem Erdboden später, in Form von Komposterde, wieder zugefügt! Dem die Bereitung guten Kompostes zu aufwendig ist, sei verraten, dass das Verteilen der Gartenabfälle auf dem Erdboden des Gartens über einen längeren Zeitraum – etwa 2 Jahre – einen ähnlichen Effekt ausübt.

Kompost und Pflanzenjauchen als Düngemittel!

Neben der Düngung mit Kompost können auch verschiedene Pflanzenjauchen starkzehrende Pflanzen in ihrer Entwicklung unterstützen und Schädlingen vorbeugen! Die Brennnessel-Jauche hat sich in meinem Garten zur Stärkung und Kräftigung der Pflanzen bestens bewährt! Doch auch der Inhalt einer Kompost- oder Humustoilette, die mittlerweile jeder gut sortierte Fachmarkt führt, kann die Bodenfruchtbarkeit enorm erhöhen und liefert wertvollen Dünger!

Welche Pflanzen wann und wie?

Der nachstehende tabellarische Überblick über die einzelnen Pflanzen soll Aufschluss über den zu erwartenden Ertrag sowie die jeweiligen Pflanzenansprüche geben.

Pflanze	Pflanztermin	Platzbedarf	Erntezeit	Ertrag m²
Topinambur *Helianthus tuberosus*	IX–V	40 x 30 cm	IX–IV	4–6 kg Knollen
Helianthi *Helianthus strumosus*	I–IV	40 x 30 cm	IX–IV	4–6 kg Knollen
Pastinak *Pastinaca sativa*	III–V	30 x 10 cm Vereinzeln	Ab X bis Frühjahr	4–5 kg Wurzeln
Zuckerwurzel *Sium sisarum*	IV–VI/VIII–IX	30 x 15 cm	Das ganze Jahr*	2 kg Wurzeln
Haferwurzel *Tragopogon porrifolius*	III–IV	20 x 20 cm Vereinzeln	VII–IV	1,5–2,5 kg Wurzeln
Schwarzwurzel *Scorzonera hispanica*	IV	30 x 10 cm Vereinzeln	Ab X bis zur Blüte	1,5–2,5 kg Wurzeln
Nachtkerze *Oenothera biennis*	IV–V	30 x 30 cm	IX–III	2–3 kg Wurzeln
Mairübe *Brassica rapa* var. *rapa*	IV–VIII	25 x 20 cm	V–X	4–5 kg Rüben
Herbst–, Steckrübe *Brassica napus* subsp. *rapiferae*	VII–VIII	50 x 20 cm	X–XI	2–4 kg Rüben
Stielmus *Brassica rapa ssp rapa*	II–IV In 14-tägigen Abständen	15 x 5 cm	III–VI	2–3 kg Blätter
Teltower Rübchen *Brassica rapa* L. subvar *pygmea*	III–IV VII–VIII	25 x 10 cm	V–X Ø 3–5 cm	2,5–4 kg Rübchen

Pflanze	Pflanztermin	Platzbedarf	Erntezeit	Ertrag m²
Kerbelrübe *Chaerophyllum bulbosum*	IX–XI	20 x 5 cm	Ab VII Verzehr ab VIII	Keine allgemein-gültige Aussage möglich
Melde *Atriplex hortensis*	III–V	25 x 25 cm	VII–X	2–3 kg Blätter
Guter Heinrich *Chenopodium bonus-henricus*	III–IV VIII–X	30 x 30 cm Vereinzeln	Im zweiten Jahr VI–X	8–11 kg Blätter
Quinoa *Chenopodium quinoa*	III–IV	30 x 20 cm	Blätter ab IV Samen ab VII	Sehr unterschiedlich, je nach Ernte
Erdbeerspinat *Chenopodium foliosum*	III–VII	30 x15 cm	VI–X	1–2 kg Blätter
Mangold *Beta vulgaris* var. *Vulgaris/flavescens*	IV–VII	30 x 40 cm Vereinzeln	VII–XI	8–10 kg Blätter
Sojabohne *Glycine max. Merr*	V–VI	30 x 3 cm	Grün: Mitte VIII Reif: Ende IX	1–1,5 kg Körner
Dicke Bohne **(Puffbohne)** *Vicia faba*	III–VI	30 x 30 cm 2 Kerne/Pflanzloch	Grün: VII–VIII Trocken: IX–XI	2–3 kg Schoten
Spargelerbse *Tetragonolobus purpurens*	IV–E VI	40 x 25 cm	VII–IX	8–9 kg Schoten
Mauswicke *Vicia narbonensis*	V–VII	50 x 5 cm Rankhilfe	VII–IX	1–1,5 kg Körner
Buchweizen *Fagopyrum esculentum*	V–VII	Dünn aussähen, Breitwürfig	Kraut für Tee: vor der Blüte Reife Samen: ab IX	0,5–1 kg Samen
Portulak gelb/grün *Portulaca oleracea*	V–IX	20 x 20 cm	VI–XI	1–2 kg Blätter je Aussaat

Pflanzenporträts und Rezepte

Topinambur *(Helianthus tuberosus)*

Herkunft, Bedeutung, Geschichte

„Erdbirne", „Erdartischocke" oder gar „Jerusalemartischocke" ist der vielversprechende Name dieser respektablen Pflanze.

Den Ursprung hat sie in Nord- oder Südamerika, ihren Namen verdankt sie angeblich einem indianischen Eingeborenenstamm. Durch Seefahrer wurden Knollen der Topinambur 1612 nach England gebracht. Ihrer vielen Vorzüge wegen verbreitete sich die Pflanze rasch in den Gemüsegärten und wurde erst später durch die Vorzüge der Kartoffel (Ernte, Haltbarkeit, Größe der Knollen) von derselben ersetzt. Die sich hauptsächlich vegetativ aus Sprossknollen vermehrende Pflanzenart bildet etwa 2–3 m hohe, aufrechte, runde, dunkel- beinah schwarzgrüne Sprosse mit gegenständigen, herzförmig bis eilanzettlich geformten, rauen Blättern, ähnlich der Sonnenblume, die zur selben Familie wie die Topinambur gehört. Die Topinambur blüht als Kurztagespflanze erst ab September. Die attraktiven Blüten tendieren farblich von Dottergelb bis Rotbraun und weisen einen Durchmesser von etwa 4–8 cm auf, was sie auch zu einer Zierpflanze im Garten macht. An den Wurzeln bilden sich spindelförmig bucklige, bewurzelte Knollen, die eine kartoffelähnliche Größe erreichen können. Da Topinambur absolut winterhart ist, können die Knollen, sobald die oberirdischen Triebe abgestorben sind, geerntet werden. Wegen der extrem dünnen Schale trocknen diese allerdings sehr schnell aus, so dass sie nur bei Bedarf geerntet werden sollten. Bei frost-

Die Topinamburpflanze kann bis zu 4 m hoch werden

freier Witterung kann dies von Herbst (Oktober/November) bis ins Frühjahr erfolgen.

Inhaltsstoffe

75–79 % Wasser, 2,4 % Eiweiß, 15,8 % Kohlenhydrate, davon 7–8 % Inulin *(Quelle CMA-Broschüre)*

Verwendung

Knollen als Gemüse bzw. Suppen, oder Blätter als Salat

Wie Kartoffeln oder als Gemüse. Die Substanz Inulin, welche aus bis zu 40 Fructose-Einheiten aufgebaut ist, kann vom Menschen in dieser Form zwar kaum verwertet werden, da hier das dafür zuständige abbauende Enzym fehlt, sie liefert aber einen hochprozentigen Fructosesirup, der die Süßkraft von Sacharose um das 1,5- bis 2-Fache übersteigen kann. Auch für die Alkoholgewinnung durch Vergärung, was z.B. in Frankreich großtechnisch betrieben wird, ist Topinambur interessant. 100 kg Knollen ergeben etwa 8–10 l Alkohol, was für die Möglichkeit der Herstellung von Bio-Alkohol spricht.

Die Blätter können als Salat verwendet oder gedünstet werden.

TIPP: Fructosesirup ist wirklich sehr einfach in der Zubereitung. Man benötigt hierzu lediglich einen größeren Topf, eine größere Menge Knollen, etwas Wasser und Zeit.

Zubereitung

Die Knollen werden sehr gründlich gewaschen. Danach werden sie zerkleinert und mit reichlich Wasser – es sollte überstehen – in einem Topf etwa eine ¾ Stunde bei mittlerer Hitze gekocht. Danach wird das Kochwasser in ein sauberes Kochgefäß gesiebt, die abgekühlten Knollenrückstände werden mithilfe eines Baumwolltuches ausgepresst. Die so entstandene Flüssigkeit wird bei schwacher Wärmezufuhr, etwa 80–90 °C, bis zur gewünschten Konsistenz eingedickt. Ein gelegentliches Umrühren ist ratsam.
In ein sauberes, verschließbares Gefäß gefüllt und kühl und dunkel gelagert, hält sich der Sirup mehrere Wochen lang.
Die Verwendung des Fructosesirups ist vielfältig: es können zahlreiche herzhafte Gerichte, wie zum Beispiel Salate oder Suppen, damit gesüßt werden oder der Sirup wird auf einem Butterbrot verzehrt.

Gesundheitlicher Wert

Inulin spielt gerade bei Diabetikern eine übergeordnete Rolle, da es sich günstig auf den Insulinhaushalt auswirkt. Faktisch können Diabetiker Topinamburknollen verzehren bis zur Sättigung, da diese kaum als BE berechnet werden. Außerdem haben sich gerade Topinamburprodukte einen guten Namen in der Gewichtsreduktion gemacht.

Enthaltenes Inulin ist von positivem Einfluss auf den menschlichen Insulinhaushalt

Übrigens: Mein Vater hatte vor vielen Jahren einmal von jemandem ein paar Knollen der Topinambur, die er „Tombinatur" nannte, bekommen und versuchsweise in den entlegensten Teil unseres Gartens gepflanzt. Meine Mutter war eher skeptisch in Anbetracht der sonderbar geformten Rhizomknollen. Unsere Familie war aber schon mächtig beeindruckt, als schließlich die vielen vitalen Stängel aus der Erde drückten, unaufhaltsam dem Licht der Sonne zu. Wir haben sie jung, bei etwa 1 m Höhe, geschnitten, in die Häckselmaschine geschichtet und gehäckselt. Das hat gut, um nicht zu sagen phantastisch gut, gerochen. Die Pferde und die Rinder haben nichts in der Krippe zurückgelassen, was wohl bedeutet haben dürfte, dass es ihnen auch geschmeckt hat. Leider unternahm meine Mutter keine Kochversuche mit den Knollen, die wir mit den Kartoffeln für die Schweine dämpften.

Kultur

Ansprüche an Klima und Boden

Stellt geringe Ansprüche an Boden und Klima. Durchlässige, leichte, humose Sandböden mit Grundwassernähe sind günstig.

Standort

Kaum Ansprüche. Jedoch sollte beachtet werden, dass die Topinambur zum Wuchern neigt, außerdem laugen die Pflanzen den Boden stark aus.

Pflanztermin

September/Oktober – April/Mai

Pflanzabstand

40 x 30 cm

Pflege

Topinambur kann von Echtem Mehltau befallen werden. Eine Bekämpfung dieser Krankheit ist nicht erforderlich. Die Unkrautbekämpfung sollte mechanisch erfolgen. Eine starke Verunkrautung im Jugendstadium ist zu vermeiden, später sind die Pflanzen kräftig und relativ resistent.
Die Knollen sind vor Mäusefraß im Herbst zu schützen.

Ernte

Die Ernte der Knollen ist von Herbst bis Frühjahr durchwegs an frostfreien Tagen möglich, vorzugsweise werden die Knollen nach Absterben des Krautes bis in den Februar/März geerntet. Die Knollen lassen sich schlecht lagern und müssen deshalb innerhalb von 14 Tagen verarbeitet oder vor länger anhaltenden Frostperioden in Erdmieten eingelagert werden.

Vermehrung

Die kleinen Knollen, die im Boden verbleiben, treiben neu aus. Selektion erwünscht. Selektion ist Züchterarbeit! Nur Knollen von gesunden und ertragreichen Pflanzen im Erdboden belassen!

In der Küche

Den Zeitaufwand, den es bedarf, bis die zum Teil sehr zerfurchten und meist wulstigen Knollen geschält sind, machen sie in der Kürze der Garzeit wieder wett. Walnuss- bis Hühnerei große Knollen garen in etwa 3 Min. Etwas größere Knollen benötigen ca. 5 Min.

Topinamburknollen eignen sich hervorragend als Rohkost. Dazu müssen die Knollen lediglich gut abgebürstet werden.

Auch als Rohkost verwendbar

Auch die Blätter sind gut in der Küche zu verwenden. Sie schmecken roh und gedünstet ausgezeichnet. Allerdings sollten für den Rohgenuss nur die jungen, zarten Blätter verzehrt werden, später werden sie zäh. Die Garzeit der Blätter ist relativ gering. Sie können geschnitten oder passiert als Gemüse oder Spinat verzehrt werden.

TIPP: Nur Topinamburknollen etwa gleicher Größe garen.

Mit Salz sollte sparsam umgegangen werden. Muskatnuss, Knoblauch, Zitronensaft, Weißwein vertragen Topinamburgerichte gut, auch können Speisen durch Birnendicksaft oder Ahornsirup geschmacklich variiert werden.

TIPP: Auf das Garen ungeschälter Topinambur sollte verzichtet werden! Es entwickelt sich eine äußerst dicke, strohige und ungenießbare Schale.

Übrigens: Roher Topinambursaft wird als hochwirksamer Fastentrank mit einer beachtlichen Entschlackungswirkung gehandelt! Obendrein schmeckt dieser gesundheitsfördernde Trunk gut.

Wem dieser „Saft" ein paar Prozent zu wenig hat, der kann auch mal vom berühmten Topinamburschnaps probieren. Doch bitte Vorsicht im Umgang mit Spirituosen! Auch wenn der Grundstoff der Gesundheit höchst zuträglich ist, kann sich bei gehobenem Konsum am Tag danach ein gewaltiger Kater einstellen.

Rezepte

Topinamburbrot à la Ulla

Aus dem Weizen- und dem Roggenmehl sowie dem Würfel Hefe wird unter Zugabe von etwa einem Esslöffel Zucker und etwas warmer Buttermilch ein ganz normales Hefestück vorbereitet. Ist die Hefe „gegangen", was bedeutet, dass sich ihr Volumen wenigstens verdreifacht hat, werden die geschälten, gekochten und zerquetschten Topinamburknollen, Backpulver, Essig, Salz, Kokosraspeln sowie die Sonnenblumen- und Kürbiskerne und der Leinsaat samt den geriebenen Haselnüssen und den grob zerkleinerten Walnüssen zugegeben. Die Masse sollte gut durchgearbeitet werden, bis ein geschmeidiger Teig entsteht.

Nach etwa einstündiger „Gehzeit" an einem warmen Ort – das Volumen des Teiges sollte sich etwa verdoppelt haben – wird ein Brotlaib geformt und im vorgeheizten Backofen ca. 1Stde gebacken.

Übrigens: Das Korn der verschiedenen Getreidesorten ist ähnlich strukturiert. Der Mehlkörper, der sich im inneren Teil befindet, besteht zu 70 % aus Stärke (Stärke ist ein Kohlenhydrat) und zu 8–14 % aus Eiweiß. Doch auch mehrfach ungesättigte Fettsäuren, Vitamine, Kalium, Eisen, Phosphor, Fluor, Magnesium, Kupfer und Mangan sowie Spurenelemente stecken in einem Korn. Die Randschichten enthalten, neben vielen Mineralstoffen, vor allem verdauungsfördernde Ballaststoffe. Die Typenbezeichnung beim Mehl (405, 1700) verweist auf den enthaltenen Mineralgehalt.

400 g Weizenmehl (Typ 405)
200 g Roggenmehl
1 Würfel Hefe
1 EL Rohrzucker
250 g Topinambur-Mus
1 Pck. Backpulver
1 EL Essig
1 TL Meersalz
1 EL Kokosraspeln
1 EL Sonnenblumenkerne
1 EL Kürbiskerne
1 EL Leinsaat
1 EL Haselnüsse, gemahlen
6 Walnüsse, grob zerkleinert
Buttermilch

Topinambur mit Käsemayonnaise

Während die geschälten Topinamburknollen in ein wenig Wasser bei mittlerer Hitze garen, bereitet man die Käsemayonnaise zu. Dazu wird das Ei getrennt, das Eigelb mit dem Senf mit dem Schneebesen oder in der Küchenmaschine verrührt und das Olivenöl langsam untergezogen. Ist die gewünschte Konsistenz erreicht, wird das Joghurt, das zuvor mit dem Saft einer halben Zitrone verrührt wurde untergerührt. Mit Salz und Pfeffer abschmecken, den Käse unter die Mayonnaise ziehen, das Eiweiß zu Schnee schlagen und unterheben.

Die gegarte Topinambur anrichten und mit Käsemayonnaise servieren.

600 g Topinambur

Für die Käsemayonnaise:
1 Ei, Senf, Olivenöl
Saft von einer 1/2 Zitrone
Meersalz, Pfeffer
100 g Joghurt
100 g aromatischer Käse, gerieben

Topinambursalat mit Rauke

300 g Topinambur
Olivenöl
1 Knoblauchzehe
Walnusskerne
1 Bund Basilikum
Zitronensaft
Meersalz
weißer Pfeffer
1/2 Bund Rauke
5–6 Tomaten

Die Topinamburknollen werden in hauchdünne Scheiben geschnitten und in ein wenig heißem Olivenöl goldgelb angebraten, die Knoblauchzehe wird in die Pfanne ausgepresst und ebenfalls mit angebraten.
Während die Topinamburscheiben allmählich abkühlen, Walnüsse und Basilikum im Mörser sehr fein vermahlen und mit Olivenöl und Zitronensaft verrühren. Gewürzt wird mit Salz und Pfeffer aus der Mühle (der es lieber etwas süßlich hat, rührt etwas Honig unter). Die Rauke wird gewaschen, trockengeschleudert und in mundgerechte Stücke gezupft. Die gereinigten Tomaten in dünne Scheiben schneiden. Zum Schluss werden die warmen Topinamburscheiben mit der Rauke und den Tomaten sowie dem Walnusspesto vermengt und auf einem großen Teller angerichtet.
Dazu passt ein herzhaftes Vollkornbrot oder ein Sojabohnenbrei (s.S. 117).

Topinambursalat mit Pastinaken und Äpfeln

Sauce
1/4 l saure Sahne
Honig/Zucker/ Birnendicksaft (Holundersirup) nach Geschmack
Saft von einer 1/2 Zitrone
ein Stück Ingwer, frisch gerieben
etwas Meersalz

Salat
250 g Topinambur, geschält oder gebürstet
1 mittelgroße Pastinake, geschält
2–3 aromatische Äpfel
Schnittlauch
Petersilie
zarte Herzblätter der Pastinake
je 1 Handvoll Gänseblümchenrosetten, Feldsalat, Löwenzahnblätter

Die saure Sahne in eine Rührschüssel geben, den Saft der Zitrone, frisch geriebenen Ingwer, das Süßungsmittel der Wahl sowie das Salz hinzufügen und gut verrühren. Topinambur, Pastinak, Äpfel in die Sauce raspeln und ebenfalls gut durchmischen. Dann wird abgeschmeckt.
Anschließend die gründlich gereinigten und trockengeschleuderten Gänseblümchen, den Löwenzahn und Feldsalat in einer Glasschüssel anrichten.
Vor dem Servieren werden sie mit der Topinambur-Pastinak-Apfel-Sauce übergossen. Zur Verfeinerung können Sonnenblumenkerne über den Salat gestreut werden

» Mein spezieller Tipp

Aus den Blüten des Holunders lässt sich ganz einfach ein fantastischer Sirup bereiten. Hierfür werden etwa 30 voll aufgeblühte Blütendolden bei Sonnenschein gepflückt, die mit 1 l kaltem, aber abgekochtem Wasser und 2 TL Zitronensaft für 48 Stunden mazerieren. Bitte die Blüten mit einem Teller und einem Stein bedecken, damit alle Blütenteile vom Zitronenwasser bedeckt sind. Nach der angegebenen Zeit die Blüten kraftvoll auspressen und die Flüssigkeit mit 2 kg Zucker verrühren. Erst mit dem Rühren aufhören, wenn sich der Zucker vollkommen gelöst hat – eine mühsame Arbeit! Der Sirup sollte gefiltert werden, nur so ist eine lange Haltbarkeit gewährt. Als Filter kann ein Durchschlag, der mit zwei Lagen Baumwollwatte ausgelegt wurde, verwendet werden.
Mit diesem Sirup können nicht nur Getränke aufgepeppt, sondern auch Salate verfeinert oder Backwaren gewürzt werden.

Topinambursalat

Topinamburknollen unter fließendem Wasser mit einer Bürste gut waschen; danach sehr dünn schälen und in 2–3 mm dünne Scheiben schneiden. Kürbiskerne trocken in der Pfanne kurz durchrösten und abkühlen lassen.

Öl in einer Pfanne erhitzen und die Topinamburscheiben portionsweise darin an beiden Seiten 2 Minuten braten; danach salzen und pfeffern.
Sonnenblumenöl und Kürbiskernöl mit Balsamicoessig zu einer Vinaigrette verrühren.
Die gebratenen Topinamburscheiben auf passenden Tellern anrichten und mit der bereiteten Marinade beträufeln.
Zuletzt den Salat mit den Kürbiskernen und Kresse garnieren.

400 g große Topinambur
5 EL Öl
etwas Salz
Pfeffer, frisch gemahlen
2 EL Sonnenblumenöl
4 EL Kürbiskernöl
4 EL Balsamicoessig
2 EL Kürbiskerne
1 Tasse Kresse

Topinambur-Kartoffelklöße

250 g Kartoffeln, mehlig
250 g Topinambur, geschält
150 g Dinkelmehl, fein gemahlen
55 g Kartoffelstärke
2 Eier
1–2 Zitronen
Meersalz
Muskatnuss, frisch gerieben
Pfeffer aus der Mühle

Die Kartoffeln in der Schale gut weich garen, schälen und mit der Kartoffelpresse zerdrücken. Die Masse sollte im Topf auf der warmen Herdplatte noch ein wenig ausdampfen. In der Zwischenzeit die Topinambur raspeln und die erhaltenen Topinamburspäne mit etwas Zitronensaft beträufeln (sie werden sonst braun). Anschließend Topinambur, Mehl, Stärke, Kartoffelbrei und Eier miteinander verkneten, würzen und abschmecken.
Falls der Teig zu weich ist, etwas Mehl zugeben.
Anschließend den Teig zu Klößen formen und in reichlich kochendem Salzwasser ca. 20 Min. garen.

» Mein spezieller Tipp

Diese Klöße eignen sich hervorragend zu verschiedenen aromatischen Gemüsen oder herzhaften Braten.
Verfeinern kann man die Klöße durch Vollkornbrötchencroûtons, die zuvor in etwas Butter gebräunt und in eine Vertiefung in der Mitte des Kloßes während des Formens gedrückt wurden.
Anstelle der Croûtons kann auch frisches Obst aus dem Garten verwendet werden. Hier eignen sich hervorragend Erdbeeren, entsteinte Kirschen oder Pflaumen sowie Pfirsichviertel. Dazu passt dann außerordentlich gut eine Vanillesauce!

Übrigens: Meersalz wird, im Gegensatz zu normalem Salz, nicht raffiniert und ist frei von künstlichen Jod- und Fluorzugaben. Es ist ein weitestgehend ursprüngliches, natürliches Würzmittel, dem ich beim Würzen den Vorzug gebe.

Topinambur-Quark (Topfen)-Gratin

Die Milch wird mit der Vanillestange und dem Zucker aufgekocht, das Puddingpulver eingerührt (vorsichtig arbeiten, damit es nicht klumpt, die Masse wird ziemlich fest). Nach dem Aufwallen die Puddingmasse vom Herd nehmen, die Eier trennen und das Eigelb vorsichtig unterheben. Die gründlich gereinigten Knollen und die Zitronenschale in die Masse reiben – bitte öfter umrühren – dann wird der passierte Quark mit dem steif geschlagenen Eischnee untergehoben. Die Masse danach in eine flachere Auflaufform, die zuvor bebuttert wurde, füllen und bei mittlerer Hitze backen, bis der Gratin schön goldbraun ist. Vor dem Servieren mit ein wenig Butter bestreichen und mit Puderzucker bestreuen.

200 g Topinambur
1 Tasse Milch
1/2 Vanillestange
150 g Zucker
Meersalz
1/2 Pck. Puddingpulver oder die entsprechende Menge Speisestärke
3 Eier
250 g Quark (Topfen)
1 Zitrone

» Mein spezieller Tipp

Der Eigengeschmack eines Gerichtes wird durch ein wenig Topinamburbeigabe unterstrichen. Empfindlich reagierende Personen – im Übermaß können die Knollen Blähungen verursachen – sollten Kümmel oder Fenchel zusammen mit der Knolle verzehren!

Ähnliches Gemüse

Helianthi *(Helianthus strumosus)*

Ein weiterer Vertreter dieser Familie ist Helianthi *(Helianthus strumosus)*. Diese Pflanze ist eine nahe Verwandte der Topinambur. Lediglich an der Form und der Größe der Blätter kann sie der geübte Blick von der Topinambur unterscheiden; die Pflanze ist etwas größer und nicht ganz so dunkel im Farbton. Allerdings unterscheiden sich die Rhizomknollen deutlich voneinander. Diese sind cremfarben mit einer wunderschönen veilchenblauen Zeichnung. Auch sind sie länger und relativ glatt. Deswegen ist die Verwendung in der Küche wesentlich unproblematischer. Im Geschmack sind die Wurzelverdickungen ein Mittelding zwischen Topinambur und Schwarzwurzel. Ähnlich Topinambur zeichnet sich Helianthi ebenfalls durch eine ungewöhnlich kurze Kochzeit aus. Auch diese Pflanze ist im Garten äußerst dekorativ, da sie etwa 2,5 m hoch wird und Ende September/Anfang Oktober mit vielen großen gelben Blütenköpfen gesegnet ist.

TIPP: Der Zuckergehalt der Rhizomknollen ist niedriger als bei der Topinambur, was beim Würzen beachtet werden sollte!

Kartoffel *(Solanum tuberosum)*

Kartoffel ist beileibe nicht gleich Kartoffel! Wer sie selbst anpflanzen möchte, sollte sich von dem Glauben lösen, dass nur eine große Kartoffel eine gute Kartoffel ist!

Blaue Kartoffel

Obgleich von den zahlreichen Sorten, die es vor 100 Jahren noch gab, nur wenige den Sprung in die heutige Zeit geschafft haben, kann man mit ein wenig Glück immer noch auf alte und bewährte Sorten stoßen. Ein Teil dieser Sorten fiel aus mancherlei Gründen in Ungnade und wurde nicht mehr angebaut; nicht selten war ein Grund der „mangelhafte“ Ertrag, der in der modernen Zeit höher bewertet wird als Inhaltsstoffe und Geschmack.

Historische Kartoffelsorten: reich an Geschmack, Farben und Formen

Der Anbau historischer Kartoffelsorten wird durch einen Reichtum an Geschmack, Farben und Formen belohnt! Grundsätzlich können die Knollen rund, oval, länglich oder gebogen sein, groß, klein, glattschalig, schuppig oder mit tief liegenden Augen, dickschalig, dünnschalig und sie können in zahlreichen Farben vorkommen. Es gibt Sorten, die in der Färbung der Schale von Äpfeln oder gar Mangos gleichen, oder Sorten, die nur eine gleichmäßig einfärbige Schale aufweisen. Zudem gibt es Kartoffelsorten, die durchgängig buntfleischig sind. Die bekanntesten dürften hier die blauen Kartoffeln sein, bei denen nicht nur die Schale bei-

Die Blütenfarbe lässt nicht auf die Farbe der Knollen schließen

Blaue Kartoffelsorte

nahe schwarz gefärbt ist, sondern auch das Fleisch eine tief violette Färbung aufweist. Optisch ein wahrer Blickfang! Dieser Färbung jedoch „verdanken" diese Sorten ihren vorläufigen, beinah endgültigen Niedergang. Mit dem Aufkommen der industrialisierten Landwirtschaft änderten sich nämlich die Erntebedingungen erheblich. Die Maschinen konnten die dunklen Kartoffeln nicht von den frappierend ähnlichen Dreckklumpen des Ackers unterscheiden, und so wurde ihr Anbau weitestgehend eingestellt – ein schwerwiegender Fehler, wie sich mittlerweile herausgestellt hat. Dass diese blauen Vertreter nicht nur etwas anders schmecken als ihre blassen Artgenossen – die Mäuse lieben sie und fressen nur blaue Kartoffeln, wenn sie die Wahl haben –, sondern zudem einen äußerst positiven Effekt auf die Gesundheit ausüben, fanden Wissenschaftler heraus. Der Grund hierfür ist der violette Farbstoff, der für die dunkle Blaufärbung verantwortlich ist. Dieser Farbstoff ist identisch mit dem Farbstoff der Heidelbeere. Heidelbeerkonzentrat hat sich in der Raumfahrt als besonders aufbauendes und pflegendes Augenmittel erwiesen, mit dem sogar Nachtblindheit erfolgreich bekämpft werden kann! Außerdem schützt dieser Farbstoff das Herz-Kreislauf-System. Darüber hinaus wirken die Farbstoffe antioxidativ, das heißt, sie binden aggressive Stickstoff- und Sauerstoffmoleküle und verhindern so Schädigungen in den Zellen. Diese Wirkung soll die antioxidative Wirkung der Vitamine C und E um ein Vielfaches übersteigen. In den Zellen wer-

Blaue Kartoffeln: Farbstoff wirkt gegen freie Radikale

Ein hartnäckiger Schädling

den die so genannten freien Radikalen durch Anthocyane unschädlich gemacht. Darüber hinaus sollen diese Farbkomplexe entzündungshemmend wirken. Diesen Wirkmechanismus nutzen auch die Pflanzen. Sie schützen sich dank dieser Farbstoffe vor gefährlicher UV-Strahlung und somit einer Schädigung der DNA sowie der Zellkerne.

Die bekanntesten Sorten dürften hierzulande ***Hermanns Blaue, Vitelotte, Blue Congo*** (auch bekannt als ***Blaue Schweden***), ***Linzer Blaue*** und ***Shetland Black*** sein – allesamt Sorten, die bei uns schwer erhältlich sind. Anders bei unseren nordischen Nachbarn. In Finnland wird die Blue Congo in großem Stil angebaut, auch in Schweden werden vermehrt blaue Sorten kultiviert. Mittlerweile wird auch hierzulande die eine oder andere Sorte in den Anbau integriert und ist größtenteils auf Wochenmärkten oder direkt beim Produzenten erhältlich.

In der Küche überzeugen die Kartoffeln mit der ungewöhnlichen Farbgebung durch die Vielzahl der optischen „Spielereien" mit den Farben von Gemüse und Kartoffeln. Da der Farbstoff jedoch auskocht, sollten die Kartoffeln nur in der Schale gegart werden.

Der Kartoffelkäfer

Kartoffelkäfer: befällt neben Kartoffeln auch Gemüse und Blumen

Mancherorts tritt der Kartoffelkäfer auf, welcher hauptsächlich Kartoffelpflanzen befällt – hat er jedoch das Kartoffelkraut restlos vertilgt, befällt er ebenfalls sämtliche anderen Pflanzen des Gartens, wobei er alle oberirdischen Teile jedweder Pflanzen: Gemüse, Kartoffeln oder Blumen, abfrisst; in Irland verhungerten von 1845–1851 die Menschen wegen des argen Schädlings!

Ich habe versucht, händisch gegen ihn vorzugehen, und habe zweimal täglich sämtliche Käfer von den Pflanzen abgelesen, außerdem habe ich die Unterseiten der Kartoffelpflanzen von anhaftenden Eigelegen befreit. Obwohl ich sehr gründlich vorging – ich hatte eine Abschüttel- und dann Zertretmethode entwickelt – stellte sich Ende Juni eine Kartoffelkäferplage ein, gegen die ich Spritzungen eines Neem-Mittels einsetzen musste. Die Gefahr, die von den gefräßigen roten Larven in einem Garten ausgeht, besteht tatsächlich darin, dass auch sie über sämtliches Gemüse und Blumen herfallen. Nur mit Mühe konnte ich im Jahr davor wenigstens meine samenproduzierenden Pflanzen vor diesen Schädlingen schützen.

Pastinak *(Pastinaca sativa)*

Herkunft, Bedeutung, Geschichte

Im Mittelalter noch war die Pastinake Grundnahrungsmittel der ländlichen Bevölkerung. Trotzdem ist es schwierig, den Beginn der Kultur annähernd genau zu datieren, weil kaum ein anderes Wurzelgemüse in der Vergangenheit so oft verwechselt worden ist wie die Pastinake. Selbst das „Morkrut" der heiligen Hildegard von Bingen (1098–1172) ist nicht zweifelsfrei zu identifizieren. Erst Kräutervater Block (16. Jahrhundert) beendete die Begriffsverwirrung weitestgehend. Er bezeichnete die Pastinake „Pestnachen". Aus dieser Zeit stammen dann schließlich auch Berichte von „zahmen" und „wilden" Pastinaken, was Rückschlüsse auf die Vergangenheit wie auch auf die Kultur zulässt. Durch die Römer soll das Wurzelgemüse schließlich auch in unsere Breiten eingeführt worden sein, überdies wird den Italienern nachgesagt, mit der Inkulturnahme der „wilden" Pastinake begonnen zu haben. Der Anbau verspricht auch unter ungünstigen klimatischen Bedingungen Erfolg. So können Pastinaken sowohl im Bergland als auch in den weniger „nahrhaften" Böden der Marschen angebaut werden. Mit der Einbürgerung der Kartoffel verlor der Anbau der Pastinake allmählich an Bedeutung – ein Projekt, das von Friedrich dem Großen höchstselbst per „Kartoffelbefehl" in einer landesweiten Kampagne (die Saatkartoffeln gab es vom Landesvater umsonst) vorangetrieben wurde – zuvor fristete diese Pflanze nahezu 150 Jahre ihr Dasein als „Lustgartenpflanze" wegen des damalig kursierenden Aberglaubens, dass es sich bei der Kartoffel um eine Frucht der Sünde handle, da sie aus dem Speichel des Teufels entstanden sei. In unseren Breiten sind im vorigen Jahrhundert Pastinaken nur noch selten angebaut worden (verlangen Sie einmal ein Päckchen Saatgut in einem Fachgeschäft, wenn Sie Glück haben, kann der Verkäufer mit Ihrer Bitte etwas anfangen, aber nur, wenn Sie wirklich Glück haben). Verwildert steht die Pflanze noch heute auf Wiesen und entlang von Gräben, an Straßen- und Wegrändern.

Die Pastinake war einst ein Grundnahrungsmittel

Diese Pflanze könnte das Pseudonym für vitale Schönheit im Garten sein, da das kräftige Kraut schon im Frühsommer wie ein loderndes Feuer im Wind spielt. Dass unter dieser Pracht bald etwas steckt, das groß ist und viel Kraft haben muss, wird dem Betrachter bestimmt recht bald klar (der Zweifler möge sich ab September selbst davon überzeugen).

Geringe Ansprüche an Boden und Klima

Inhaltsstoffe

Pastinaken weisen einen hohen Stärke- und Zuckergehalt auf, dagegen enthalten sie wenig Eiweiß und Fett, von den Mineralien ist nur Kalium

Junge Pastinakpflanze

reichlich vorhanden. Das der Pastinake eigene Karotin soll wertvoller als das der Karotte/Möhre sein und auch vom Körper leichter aufgeschlossen werden.

Hilft bei Verdauungsbeschwerden, Leber- und Steinleiden

Gesundheitlicher Wert

Der Verzehr der Wurzel fördert das Einschlafen, lindert Magenschmerzen und Verdauungsbeschwerden. Ferner ist sie hilfreich bei Blasen-, Nieren- und Steinleiden und unterstützt die Funktion der Leber.

Für Diabetiker ist der Verzehr besonders empfehlenswert, da das Inulin der Wurzel ohne körpereigenes Insulin in den Stoffwechsel gelangt.

Aufgrund des Inulingehaltes ideal für Diabetiker

Aus den Samen kann ein magen- und darmfreundlicher Tee bereitet werden.

Verwendung

Ähnlich Möhren, das junge Kraut als Würzkraut in Eintöpfen und Suppen, die Samen gemahlen oder ganz als Suppen- oder Eintopfwürze.

TIPP: Ähnlich dem Grünkohl sollten auch die Wurzeln der Pastinake zur Geschmackssteigerung winterlichen Frösten ausgesetzt gewesen sein – sie gewinnt dadurch an Aroma und Süße – in der Gefriertruhe kann notfalls die gleiche Wirkung erzielt werden, allerdings darf die Wurzel hier nur ein paar Stunden durchfrieren.

Kultur

Ansprüche an Klima und Boden

Mildes, feuchtes Klima (wenn die Wurzel im Boden überwintern soll), ansonsten relativ anspruchslos, liebt tiefgründigen, gut gedüngten Boden, der eine optimale Wurzelentwicklung zulässt.

Standort

Sonnig bis halbschattig

Pflanztermin

Die Bodentemperatur sollte etwa 15–22 °C betragen – Mitte April/Anfang Mai oder Ende August/Anfang September zur Überwinterung (Jungpflanzen sind winterhart)

TIPP: Einen gut temperierten Boden kann man ganz einfach erkennen: Barfuß im Garten stehen, ohne kalte Füße zu bekommen! – Eine alte Redensart besagt, dass der Gärtner mit entblößtem Hinterteil im Beet sitzen können muss, ehe er dem Boden die Gemüsesamen anvertraut!

Keimdauer

Ca. 2–3 Wochen

Pflanzabstand

30 x 30 cm

Pflege

Starke Verunkrautung im Jugendstadium vermeiden, später sind die Pflanzen kräftig und relativ resistent, dagegen vor Mäusefraß im Herbst schützen. Eine Katze wirkt im Garten tatsächlich Wunder!

Übrigens: Mein Selbstversorgergarten liegt inmitten unserer nach den Richtlinien des ökologischen Landbaues bewirtschafteten Ländereien. Das ist für mich, eine unter ständigem Zeitmangel leidende Frau, sehr vorteilhaft, da ich ihn erstens im Herbst nicht umzugraben und zweitens auch den Boden im Frühjahr nicht von Hand saatfertig vorzubereiten brauche (Dauerkulturen sind im kleineren Hausgarten untergebracht). In den letzten drei Jahren bemerkte ich eine schwarze Katze, die sich in meinem „Garten" aufhielt, was die Mäuse doch in Grenzen hielt. Nun, das gute Tier hat nicht alle Mäuse verkonsumieren können, aber einen beträchtlichen Teil schon. Pastinaken konnten während dieser Zeit, neben anderen Wurzeln, im Boden überwintern.Leider verschwand die Katze dann auch wieder. Obwohl ich rechtzeitig reagierte und etwa 2 ½ m hohe Stangen für Greifvögel in den Boden rammte, musste die herbstliche Ernte doch vor den verfressenen Nagern in Sicherheit gebracht werden, und ein Überwintern der winterharten Kulturen an Ort und Stelle war nicht mehr möglich.

TIPP: Ein vor Ungeziefer sicherer Aufbewahrungsort mit einem beträchtlichen Aufnahmevermögen ist eine im Garten eingegrabene Waschmaschinentrommel (bei Recyclingunternehmen nachfragen!). Möhren, Rote Bete, Kohlrüben, Pastinaken, selbst Mairüben können hier untergebracht werden. Topinambur hält sich in dieser „Miete“ verblüffend lange knackig frisch.Bei Wintereinbruch allerdings gut abdecken!

Ernte Pastinaken sind winterhart, können aber auch vor dem einsetzenden Frost geerntet und im Keller oder in einer Miete überwintert werden. Die Wurzeln bleiben bei sachgemäßer kühler Lagerung bis in den April hinein frisch.

Samengewinnung Die Blüte treibt im zweiten Jahr. Zur Gewinnung sollten zwei bis vier der stärksten/gesündesten Pflanzen aus diesem Grund im Boden bleiben (Achtung bei Mäusefraß!). Die Blüte treibt ca. einen bis 1 ½ m hohen Blütenstängel aus, der sich im Spätsommer mit den lockeren, gelben Blütendolden schmückt. Zum Herbst hin verfärben sich die Blütendolden und nehmen eine bräunliche Farbe an. Bei trockenem Wetter werden sie geschnitten, die Samen, die sich im optimalen Reifezustand leicht lösen und bei der geringsten Erschütterung ausfallen – Pastinaken neigen aus diesem Grund auch zum Wuchern – werden gerebelt, nötigenfalls leicht nachgetrocknet und kühl und trocken gelagert.

Pastinakensamen

In der Küche

Pastinaken sind problemlos zu verarbeiten, sie müssen auch nicht unbedingt geschält werden. Vom Entsaften mittels Rohentsafter sollte abgesehen werden, da die Wurzeln einen ziemlich hohen Trockensubstanzgehalt haben. Beim Kochen zeichnen sich Pastinaken durch eine extrem kurze Garzeit aus. Im Geschmack sind sie nach Frosteinwirkung unübertroffen und überaus aromatisch!

Übrigens: Dem es gelingt, der Pastinake doch ein Gläschen Saft abzuringen, der könnte durch den (regelmäßigen) Genuss dieses Trunkes seine Potenz steigern! Auch soll der Verzehr der Wurzel fröhlich stimmen. Aus diesem Grund und der davor genannten Wirkung soll Nonnen und Priestern der Konsum der beinahe vergessenen Wurzel verboten gewesen sein!

Rezepte

Pastinaksuppe

In der Butter werden die gewürfelten Kartoffeln samt der gewürfelten Zwiebel angebraten. Sobald eine leichte Braunfärbung erkennbar ist, wird das Dinkelmehl zugegeben und bei mittlerer Hitze mit gebräunt. Gelöscht wird mit 1 ½ l leicht gesalzenem Wasser, das zügig mit einem Schneebesen eingerührt werden muss, damit das Mehl nicht klumpt. Während die Suppengrundlage aufkocht, werden die Pastinaken gut gereinigt, von schadhaften Stellen befreit und ebenfalls in appetitliche Würfel geteilt. Da die Kochzeit der Pastinake sehr gering ist, sollten die Kartoffelstückchen erst auf ihre Bissfestigkeit hin geprüft werden, ehe die Pastinakenwürfel der Suppe zugegeben werden. Nach 5 Min. Garzeit kann die Suppe abgeschmeckt und mit den frischen Kräutern verfeinert werden.

2–3 Pastinaken
6–8 Kartoffeln
1 mittelgroße Zwiebel
2 EL Butter
2 EL Dinkelmehl
Meersalz
weißer Pfeffer
Schnittlauch
Petersilie
Pastinakenkraut
1 ½ l Wasser, leicht gesalzen

» Mein spezieller Tipp

Servieren Sie diese Pastinaksuppe mal mit knusprig braun gerösteten Weißbrotwürfeln!

Pastinak-Nudel-Suppe

2 mittelgroße Pastinaken
2 Zwiebeln
1 Paprikaschote
75 g feine Nudeln
2 EL Tomatenpüree
mageres Suppenfleisch
1 EL Butter
Meersalz
Muskatnuss
Petersilie

Eine kräftige Fleischbrühe kochen. In der Zwischenzeit Zwiebeln schälen und fein würfeln, Pastinaken und Paprika reinigen und ebenfalls fein würfeln. In einer Pfanne die Butter erhitzen und die Zwiebelwürfel zusammen mit den Pastinakenwürfeln bräunen. Vorsicht, dass die Butter nicht zu dunkel wird!
Sobald die Zwiebel-Pastinaken-Würfel schön braun sind, werden sie zusammen mit den Nudeln und den Paprikawürfeln in die kochende Fleischbrühe zusammen mit dem Tomatenpüree gegeben. Schwach salzen und vor dem Auftragen mit einem Hauch Muskatnuss abschmecken und mit Petersilie verfeinern.

» Mein spezieller Tipp

Anstelle der Nudeln können auch Gnocchi verwendet werden!

Pastinakenpfanne

2 mittelgroße Pastinaken
2–3 Zwiebeln
Sonnenblumenöl
Salz

Die gut gereinigten und in mundgerechte Stücke zerteilten Pastinaken werden zusammen mit den gewürfelten Zwiebeln in erhitztem Öl in einer größeren Bratpfanne kräftig angebraten. Kurz vor dem Servieren leicht salzen. Geschmackliche Variationen sind durch die Zugabe von Tofu- oder Seitan-Produkten möglich; Seitanprodukte werden, anders als Tofu, der aus Sojabohnen hergestellt wird, aus Weizen erzeugt. Sehr gut schmecken hier Räucherprodukte oder Bratstücke nach „Kassler Art".
Dazu passt sehr gut ein bunter Salat.

» Mein spezieller Tipp

***Achtung:** Die Zubereitungszeit der Pastinakenpfanne ist sehr kurz, deswegen sollte bei starker Hitze möglichst schnell gearbeitet werden, um die Bissfestigkeit zu gewähren.*

Gemüse vom Pastinak zu Weizen

Nach der gründlichen Reinigung der Wurzeln werden sie gewürfelt und anschließend unter Hinzugabe einer ebenfalls gewürfelten Zwiebel in der leicht gesalzenen Gemüsebrühe kurz gedünstet. In der Zwischenzeit die Butter in der Bratpfanne erhitzen und mit dem Dinkelmehl zu einer dunklen Mehlschwitze verarbeiten. Diese anschließend gut in das fertig gegarte Gemüse einrühren. Gewürzt wird mit Pfeffer, Muskatnuss, Shoyu (eine milchsauer vergorene Sauce aus Soja und Wasser, im Geschmack Maggi ähnlich, jedoch frei von künstlichen Geschmacksverstärkern). Zum Verfeinern dient kurz vor dem Servieren frische Petersilie.

Zur Zubereitung des Weizens werden die ganzen Körner in ein Sieb oder einen Durchschlag gegeben und unter fließendem Wasser kräftig abgespült. In einem Topf die Butter erhitzen und den nassen Weizen samt der gewürfelten Zwiebel, den zerkleinerten Knoblauchzehen sowie etwas Salz bei schwacher Hitze bei verschlossenem Topf garen. Durch gelegentliche Wasserzugaben wird ein Anbrennen verhindert

Als Beilage eignet sich ausgezeichnet kurz gebratenes oder gegrilltes Fleisch bzw. Fisch. Vegetariern empfiehlt sich als Beilage das Pastinakenbratstück (Rezept nachfolgend).

» Mein spezieller Tipp

Werden die Körner über Nacht im Kühlschrank zum Einweichen in Wasser aufbewahrt, verringert sich die Garzeit erheblich. Da die Körner nicht stark aufquellen, braucht das Wasser nur knapp überzustehen.

Gemüse

2 Pastinaken
1 Zwiebel
2 EL Butter
2 EL Dinkelmehl
1 l Gemüsebrühe
Meersalz
Pfeffer
Muskatnuss
Petersilie

Weizen

250 g Weizen
1 EL Butter
1 Zwiebel
Knoblauch und Salz nach Geschmack

Pastinakenbratstück

Die gut gereinigten, möglichst unbeschädigten Pastinaken in maximal 1 cm dicke Scheiben zerteilen und sofort in Vollkornmehl wenden.
Das Ei und die Gewürze miteinander verquirlen. Mit dieser Mischung die Pastinakenscheiben bepinseln und anschließend im Reibkäse panieren.
In einer Pfanne mit vorgeheiztem Olivenöl werden die „Steaks" knusprig braun gebraten.

2 große Pastinaken
1 Ei
etwas Vollkornmehl
Meersalz
Pfeffer
Reibekäse

Pastinakenkuchen

Kuchenteig
150 g Pastinaken, geraspelt
250 g Rohrzucker
250 g Dinkel- oder Weizenmehl, fein
3 Eier, 200 ml Pflanzenöl
100 g Sultaninen
100 g Walnüsse, gehackt
1 TL Backpulver
1 TL Natron
2 TL Ingwer, gemahlen
2 TL Zimt, gemahlen
Kardamom, Nelken und Koriander nach Geschmack

Glasur
200 g Frischkäse
Puderzucker

Die Eier mit dem Rohrzucker verrühren, das Öl hinzufügen. Danach die übrigen Zutaten beimengen, den Abschluss bildet schließlich das Mehl, das mit Backpulver und Natron gemischt wurde. Die Masse gut verrühren und in einer befetteten und mit Semmelbröseln ausgestaubten Kastenform bei 180 °C ca. 1 Stunde backen.
Zum Schluss den Frischkäse mit dem Puderzucker zu einer cremigen Masse verrühren und die abgeriebene Schale einer Zitrone oder eine Prise Muskatnuss je nach Geschmacksrichtung hinzufügen und diese Glasur auf den abgekühlten Kuchen streichen.

Pastinakenkraut

5–6 Pastinaken, kräftig durchgefroren

1 ½ l Wasser

Die gut gereinigten, nicht geschälten Wurzeln raspeln oder mit der Küchenmaschine zerkleinern. In einem großen Topf anschließend mit etwas Wasser etwa eine ½ Stde. lang kochen. Danach wird das Gefäß zum Auskühlen, ruhig auch über Nacht, beiseite gestellt.
Durch ein sauberes Geschirrtuch lässt sich der Saft am besten auspressen. Wer hat, kann ruhig auch seine Kloßteigpresse, die in Thüringen zum Auspressen der Kartoffelmasse für die unnachahmlichen „Thüringer Kartoffelklöße" gebraucht wird, verwenden. Der so gewonnene Saft wird wieder in einen Topf gegeben und bei schwacher Hitze über mehrere Stunden eingekocht. Das Pastinakenkraut hat die richtige Konsistenz, wenn es zähfließend vom Holzlöffel tropft.

» Mein spezieller Tipp

Wem die Ausbeute zu gering ist, der kann natürlich auch den Saft samt der geraspelten Wurzel zu einem Mus einkochen, allerdings ist dann die Konsistenz nicht so glatt und glasig wie bei der Verwendung des Saftes.

Ähnliches Gemüse

Zuckerwurzel *(Sium sisarum)*

Auch die Zuckerwurzel gehört zur Familie der Doldengewächse und ist lange schon aus den Gärten und dem Gedächtnis der Menschen verschwunden. Den endgültigen Niedergang könnte auch bei dieser Pflanze die Kartoffel eingeleitet haben.

Über ihren Ursprung gibt es lediglich Mutmaßungen. Erst in den Kräuterbüchern der Renaissance (16. Jahrhundert) kann man auf die Zuckerwurzel, die hier mit zahlreichen Namen belegt ist, stoßen; „Gierlein", „Gerlein", „Gritzelmörlein", „Klingelrüblein" u. a. sind nur einige ihrer Bezeichnungen. Da sich diese Namensvielfalt allerdings über die Landesgrenzen hinweg von Schweden bis Portugal, von England über den Balkan bis Spanien ausstreckt, ist davon auszugehen, dass die Zuckerwurzel weit verbreitet war.

Ein winterhartes Doldengewächs

Sie ist winterhart und bildet keine Hauptwurzel, sondern vielmehr ein „Büschel" pfahlförmiger, möhrenähnlicher Wurzeln. Diese können für Gemüse und Suppen verwendet werden. Sie sind schmackhaft und leicht verdaulich.

Im Geschmack ist dieses Gemüse der Pastinake ähnlich, auch das Kraut ist aromatisch und kann ebenfalls als Suppenwürze verwendet werden.

Blüten sowie verdickte Wurzeln der Zuckerwurzel

Da die Samen nur langsam und ungleichmäßig keimen, sollten sie bevor sie im April oder August in das vorbereitete humöse, tiefgründige Saatbeet kommen, vorgequollen werden.

Geschmacklich ähnlich der Pastinake

Da die Wurzeln viel Zucker (Sacharose) enthalten, kann aus ihnen auch ein süßer Brotaufstrich (Wurzelkraut) oder Alkohol gewonnen werden. Allerdings fällt die Ernte nicht so gewaltig aus, so dass sich diese Verwendungsmöglichkeiten für die wenigsten anbieten. Nach Becker–Dillingen beträgt der Ertrag auf 100 m² lediglich 95 kg.

Die Wurzel muss bei der Verwendung in der Küche nicht geschält werden, die Garzeit ist gering.

Im Winter sollte sie vor Mäusefraß geschützt werden!

Haferwurzel *(Tragopogon porrifolius)*

Herkunft, Bedeutung, Geschichte

Die Haferwurzel ist eine frohwüchsige Pflanze, die dem Wiesenbocksbart ziemlich ähnlich ist. Schon bald nach der Aussaat zeigen sich die ersten zarten Blätter, die sehr beständig in ihrem Wachstum sind. Obwohl ich die Haferwurzel im ersten Anbauversuch viel zu dicht gesät und auch nicht vereinzelt hatte, entwickelten sich im Herbst erstaunlich viele starke Wurzeln, die mitunter einen Durchmesser von 3–4 cm aufwiesen. Die Blüte erstaunte mich sowohl in ihrer Größe als auch in der Farbgebung und im Verhalten: eine ungewöhnlich schöne, beinah der Gerbera ähnelnde Blüte von etwa 2,5 cm Durchmesser, in einem pastellroten Farbton, die sich sanft im Wind wiegte. Gegen 17 Uhr allerdings ist die Pracht nicht mehr zu bewundern, dann nämlich haben sich sämtliche Blüten – an einem Stängel können mehr als 10 Blüten gleichzeitig erblühen! – bereits vollkommen geschlossen, wie sie auch bei Regenwetter ihre Schönheit nicht vollends entfalten.

Die Wurzel ist ockergelb bis hellbraun

Hafer- und Schwarzwurzeln werden in Gartenbüchern älteren Datums gern zusammen genannt. Allerdings ist die Schwarzwurzel in ihrer Entwicklungsgeschichte die wesentlich jüngere Schwester und hat, wie der Name schon vermuten lässt, eine schwarze Borke. Die Haferwurzel hingegen ist ockergelb bis hellbraun gefärbt und bildet im Gegensatz zur Schwarzwurzel eine Vielzahl von unterschiedlich starken Nebenwurzeln. Wegen der hellen Farbe werden Haferwurzeln im Volksmund mitunter auch Weißwurzel genannt. Die Kultur der Haferwurzel geht weit in das an-

Die schmalen, grasähnlichen Blätter der Haferwurzel

Eine Verwandte des Wiesenbocksbarts

tike Griechenland zurück. Die Pflanze ist eng mit der Wildform, dem Wiesenbocksbart *(Tragopogon pratensis)*, verwandt; der blüht allerdings leuchtend gelb. Ihren Anbauhöhepunkt fand die Haferwurzel in der Mitte des 19. Jahrhunderts. Sie wurde zu Salat, Gemüsen oder Suppen verarbeitet. Im Geschmack ist sie leicht süß, erinnert entfernt an eine Mischung von Auster und Spargel. In Frankreich kennt man noch immer zahlreiche Rezepte, in denen sich das Aroma der Wurzel am besten entfaltet. Hier werden Variationen angepriesen, die einem das Wasser im Munde zusammenlaufen lassen: mariniert, frittiert, wie Spargel in einer Cremsuppe, in Stücke zerteilt mit einer Béchamelsauce zubereitet und mit Kerbel, Petersilie, Muskatnuss, Haselnuss, Sahne, Butter und Weißwein zu Fisch und Fleischgerichten gereicht. Obgleich die Haferwurzel den Beinamen „Auster" führt, konnte sie hierzulande von der Schwarzwurzel vollkommen verdrängt werden. In England und Frankreich hingegen wird das Wurzelgemüse mit dem besonderen Geschmack noch in den Gärten angebaut und auf Märkten gehandelt. Auch die Blätter sind essbar und können zu Suppen, Gemüsebrühen oder, klein gehackt, im Kräuterquark verzehrt werden.

Frisch geerntete Haferwurzeln

Inhaltsstoffe

Leider fehlen derzeit detaillierte Angaben. Die Haferwurzel enthält, ähnlich der Schwarzwurzel, neben dem Inulin wichtige Mineralien und Vitamine.

Gesundheitlicher Wert

Für Diabetiker aufgrund des Inulingehaltes besonders empfehlenswert.

Kultur

Ansprüche an Klima und Boden Gedeiht auch in klimatisch ungünstigen Lagen. Am besten eignet sich sandiger, humoser Boden, der nicht austrocknet. Da die Pflanze winterhart ist, kann sie im Beet überwintern und in frostfreien Perioden laufend beerntet werden. Im Gegensatz zu den Pastinaken wurde die Haferwurzel in meinem Garten nicht durch Mäusefraß geschädigt.

Standort Sonnig

Aussaattermin Sobald das Saatbeet abgetrocknet ist, können die stäbchenförmigen Samen ab Mitte/Ende April in ein tiefgründiges Beet nicht zu dicht gesät werden.

Keimdauer

Je nach Witterung etwa 2–3 Wochen

Pflanzabstand

20 cm x 20 cm

Pflege

Nach dem Auflaufen der Sämlinge sollten sie zunächst vor zu starker Verunkrautung geschützt werden. Haben die Jungpflanzen eine Höhe von etwa 10 cm erreicht, sollten sie vereinzelt werden. Hierbei werden nach Möglichkeit die kräftigsten Pflanzen bevorzugt in der Reihe belassen, während die schwächeren entfernt werden.

> **TIPP:** Die Jungpflanzen, die zu dicht stehen und entfernt werden müssen, können mit einer kleinen Schaufel, wie sie auf Friedhöfen oder für Balkonkästen im Handel erhältlich ist, ausgegraben und verpflanzt werden. Für diese Tätigkeit wählt man am besten eine Regenperiode aus. Dann gehen mit Sicherheit die meisten der umgesetzten Pflanzen auch an und man spart das Gießen mit Regenwasser.

Ernte

Die Ernte sollte nicht vor Oktober beginnen, dann erst schmecken die Wurzeln so richtig gut. Sie kann den ganzen Winter über andauern, sofern der Erdboden dies gestattet; bei starken Frösten die Wurzeln etwas mit Stroh oder Laub abdecken. Wer während starker Fröste nicht auf das Wurzelgemüse verzichten möchte, kann die gesäuberten und in Frischhaltefolie gehüllten Wurzeln gut zwei Wochen im Gemüsefach des Kühlschrankes aufbewahren oder die Wurzeln, die in diesem Fall nicht gewaschen werden dürfen, in einem Eimer mit nicht zu trockenem Sand im Keller aufbewahren. Unter günstigen Bedingungen überstehen die Wurzeln auf diese Weise ohne weiteres vier bis sechs Wochen. Im Frühjahr sollte die Ernte abgeschlossen sein, da die Wurzeln bald verholzen.

Samengewinnung

Für die Samengewinnung werden „schöne", kräftige Wurzeln ausgewählt, die an einem kühlen Ort oder im Garten überwintern. Die überwintertenWurzeln werden, sobald keine strengen Fröste mehr zu erwarten sind, in ein vorbereitetes Saatbeet gepflanzt. Wegen der auffallend schönen Blüte können sie durchaus im Vorgarten einen gebührenden Platz finden. Etwa ab Mai, je nach Witterung, schieben viele Sprosse aus der Wurzel. An diesen zeigen sich bald schöne starke Knospen, aus denen sich Blüten und später die Samen entwickeln; die Samenbildung erinnert stark an den Wiesenbocksbart oder auch an die Pusteblume des Löwenzahns. Nicht zu viele Blüten pro Wurzel stehenlassen! Eine Pflanze kann ungefähr 300–500 Samen entwickeln. Bei trockenem Wetter werden die stäbchenförmigen, im Reifezustand hellbraunen Samen geerntet

Haferwurzelsamen

und von den wattigen Flughilfen befreit. Eventuell zum Nachtrocknen auf trockenes Küchenpapier legen. Trocken und kühl aufbewahrt, behalten sie zwei Jahre ihre Keimfähigkeit, vor direkter Sonneneinstrahlung schützen.

In der Küche

Die Wurzel besticht durch ihre vielfältigen Verwendungsmöglichkeiten; roh schmeckt sie (mir) allerdings nicht. Die Kochzeit ist deutlich geringer als bei Möhren. Die Handhabung gestaltet sich zuweilen schwierig. Spätestens wenn es an die Reinigung der mitunter stark verzweigten Wurzel geht, sind Kreativität und Ausdauer gefragt. Kleinere Nebenwurzeln lassen sich problemlos abzupfen. Ein Schälen der Wurzel ist wegen der Dünne der Schale nicht unbedingt erforderlich. Wird die Wurzel aber geschält und portioniert, sollten die Stücke, um unschöne Verfärbungen zu vermeiden, sofort in Essig- oder Zitronenwasser gelegt werden.

Vorsicht: Der weiße Milchsaft färbt bei Kontakt Hände und Textilien! Von der Haut geht die Braunfärbung nach gründlichem Bürsten mit Wasser und Seife gut wieder ab, Baumwolle hingegen entfärbt sich nicht so unproblematisch.

TIPP: Werden die Wurzeln bei trockenem Wetter geerntet, entfällt ein Großteil der aufwändigen Reinigungsarbeit, da nur sehr wenig Gartenerde an ihnen haftet.

Übrigens: Bei meinem ersten Kochversuch bemühte ich mich, die Wurzel nach der gründlichen Reinigung obendrein wie eine Möhre zu schaben; so sollten auch gleich die vielen wollfadenstarken Nebenwurzeln entfernt werden. Als dies nicht zufriedenstellend gelang, habe ich den Nassrasierer meines Sohnes umfunktioniert und die Wurzel kurzerhand rasiert. Ehrlich gesagt: Die Wurzeln sahen nach diesem Prozedere aus, als ob jemand versucht hätte, mittels Nassrasierer filigrane Figuren aus ihnen zu schnitzen.

Unter fließendem Wasser abgezupft, lassen sich die zarten Wurzeln verblüffend einfach entfernen, auch dem Verfärben der Hände wird bei dieser Methode Einhalt geboten.

Ich sollte noch erwähnen, dass meine allerersten Haferwurzeln aus einigen Samen aus dem Bestand der Genbank Gatersleben entsprungen waren und mittlerweile Sorten im Fachhandel erhältlich sind, die bedeutend weniger Nebenwurzeln bilden und eine geradere Wurzelbildung aufweisen.

Links: Haferwurzel
Rechts: Schwarzwurzel

Rezepte

Bei den nachfolgenden Rezepten können anstelle von Haferwurzeln auch Schwarzwurzeln verwendet werden.

Haferwurzel-Shitake-Suppe

200 g Shitake-Pilze
10 mittelgroße Haferwurzeln
1 mittelgroße Zwiebel oder 3 Schalotten
etwas Meersalz
3/4 l Gemüsebrühe
1–2 EL Butter
Muskatnuss
Pfeffer aus der Mühle
2 Eigelb
Petersilie
Kerbel

Pilze putzen, waschen, die Stiele fein hacken und die Hüte halbieren bzw. vierteln. Haferwurzeln säubern, eventuell etwas schaben, würfeln und in leichtes Essigwasser legen, damit sie sich nicht verfärben. Die Zwiebel wird fein gehackt, bei den Schalotten die Schloten zum Verfeinern der Suppe zurücklegen. Die Pilzstiele in die leicht gesalzene, kochende Gemüsebrühe geben und etwa 10 Min. lang köcheln. Im Anschluss daran die Haferwurzelstückchen ebenfalls für etwa 5 Min. in dieser Brühe garen. Danach die Suppe pürieren.

In einer Pfanne die Butter erhitzen und die Pilzstücke der Hüte mitsamt den Zwiebelwürfeln scharf anbraten. Mit der Suppe löschen, sobald die Zwiebelwürfel schön braun sind. Nachdem alle Zutaten verrührt wurden, muss die Suppe noch ein paar Minuten bei schwacher Hitze ziehen, danach wird mit Salz, Pfeffer, Muskatnuss abgeschmeckt. Zum Schluss die Eigelb mit einem Schneebesen unterrühren. Vor dem Servieren werden die fein gewiegten Kräuter samt den Schloten über die Suppe gestreut.

» Mein spezieller Tipp

Zur Verfeinerung kann anstelle der Butter magerer Bauchspeck zusammen mit den Teilen der Pilzhüte und der gehackten Zwiebel angebraten werden. Dann empfiehlt sich zum Würzen zusätzlich eine Spur Knoblauch.

Haferwurzel-Parmesan-Teller zu Kurzgebratenem (Steak, Schnitzel, Pastinakenbratling o. ä.)

1 kg Haferwurzeln
3 EL Butter
1 Zitrone
Meersalz
2 EL Parmesankäse, gerieben

Die Wurzeln waschen, schaben und in Zitronenwasser legen, damit sie sich nicht verfärben. Nicht zerkleinern! In einem ausreichend großen Topf reichlich Salzwasser zum Kochen bringen und die Wurzeln garen. Je nach Stärke und Erntezeitpunkt variiert die Garzeit mitunter erheblich; im Winter nach Frösten geerntete Wurzeln weisen die kürzeste Garzeit auf. Die Gabelprobe verrät, wann die Wurzeln gar sind. In der Zwischenzeit in einer Bratpfanne Butter bei schwacher Hitze bräunen. Sind die Wurzeln gar, werden sie auf einer Platte angerichtet, mit Parmesan bestreut und mit der braunen Butter begossen.

Als Beilage zu diesem Haferwurzelteller können neben frischen Kartoffeln Reis, Nudeln und Getreide gereicht werden. Geschmacklich wird dieses Essen am besten durch ein feines Steak abgerundet.

Haferwurzeln nach normannischer Art

800 g Haferwurzeln
1 Zitrone
2 EL Butter
1 Zwiebel
3 Äpfel
1 Tasse Apfelsaft
1/2 Tasse süße Sahne
Muskatnuss
Meersalz
Pfeffer aus der Mühle
Zitronenmelisse

Haferwurzeln waschen, schaben, in 5 cm lange Stücke zerteilen und in Zitronenwasser legen. In einem Topf Salzwasser, das mit dem Saft der Zitrone versetzt wurde, zum Kochen bringen. Die Haferwurzelstücke hineingeben und garen, bis sie weich sind, max. 20 Min. Danach werden sie in einen Durchschlag gegeben und gut abtropfen gelassen. Warm stellen. In einer Pfanne die Butter erhitzen und die geschälten Äpfel in Würfel zerteilen, zusammen mit der gewürfelten Zwiebel hinzufügen und kurz anbraten. Gelöscht wird mit dem Apfelsaft, der nun bei mäßiger Wärmezufuhr ein wenig einkochen muss. Dann von der Herdplatte ziehen, die Sahne unterrühren und mit Salz, Pfeffer und Muskatnuss abschmecken. Die garen Haferwurzelstückchen in diese Sauce hineingeben, unterheben, kurz erwärmen, jedoch nicht aufkochen lassen und vor dem Servieren mit der fein gehackten Zitronenmelisse bestreuen.

» Mein spezieller Tipp

Anstelle der Zitronenmelisse kann diese Variante auch durch Bestreuen mit Sprossen verfeinert werden.

Vollkorn-Pfannkuchen mit Haferwurzelgemüse

Aus Eiern, Quark, Olivenöl und Milch einen dünnflüssigen Teig bereiten. In diesen das Vollkornmehl und den geriebenen Käse zügig einrühren. Mit Salz und Pfeffer abschmecken. Anschließend den Teig für eine 1/2 Stunde in den Kühlschrank stellen. In der Zwischenzeit wird das Gemüse vorbereitet: Mairüben schälen und hobeln, Sojabohnen (wahlweise auch Dicke Bohnen oder Erbsen) auspulen, Haferwurzeln waschen, schaben, würfeln, Schalotten vom Kraut trennen, schälen, hacken. In einer größeren Pfanne die Butter auslassen und in die flüssige Butter den Rohrzucker einrühren. Ist er vollkommen gelöst, werden die vorbereiteten Gemüse hinzugegeben und glasiert. Mit etwas Wasser und Zitronensaft ablöschen und bei schwacher Hitze weitere 10 Min. dünsten. Die Knoblauchzehe pressen und so viel unterrühren, wie geschmacklich bevorzugt wird. Etwas salzen, wer mag, kann auch einen Spritzer Sojasauce zugeben.

Bratfett in der Pfanne erhitzen und kleine Pfannkuchen aus dem Teig ausbacken. Diese zusammenfalten und mit dem Gemüse anrichten. Vor dem Servieren mit den zerkleinerten Kräutern und Schlotten bestreuen.

Pfannkuchen

4 Eier

100 g Magerquark oder Schichtkäse

150 g Dinkel-Vollkornmehl

1/2 Tasse Milch

2 EL Olivenöl

2–3 EL aromatischer Käse, gerieben

Meersalz

Pfeffer aus der Mühle

Gemüse

2 mittelgroße Mairüben

150 g grüne Sojabohnen

8 mittelgroße Haferwurzeln

10 Schalotten

2 EL Butter

1 TL Roh-Rohrzucker

etwas Wasser

1 Knoblauchzehe

Saft von einer 1/2 Zitrone

Petersilie und die zarten Schlotten der Schalotten

Gemischter Haferwurzel-Salat mit Orangenfilets

800 g Haferwurzeln
1 Orange
100 g Schinken, geräuchert
100 g Schinken, gekocht
2 Eier, hartgekocht
Petersilie
Meersalz
Pfeffer
2 TL Senf
Essig
Öl

Die Haferwurzeln reinigen, schaben, in 3 cm lange Stücke zerteilen und in Salzwasser garen, bis sie zart sind. Danach in einem Sieb abtropfen lassen. In einer Schüssel die gehackten Eier, die Haferwurzelstücke und den fein gewürfelten Schinken vorsichtig mischen, dabei darauf achten, dass die Haferwurzeln nicht zermatscht werden. Die Orange filetieren und über die Mischung streuen.

Für die Sauce Senf, Essig, Salz und Pfeffer vermengen und das Öl langsam unterrühren, bis die Sauce die richtige Konsistenz erreicht hat. Die Sauce über die Salatzutaten geben und mit fein gewiegter Petersilie bestreuen. Dabei daran denken, dass der Schinken zum Teil schon recht viel Salz enthält!

Dieser Salat sollte vor dem Verzehr ein wenig Zeit zum Durchziehen haben, er muss aber nicht unbedingt in den Kühlschrank.

Haferwurzeln an Karpfen

Der gut gereinigte und zum Kochen vorbereitete Karpfen wird außen und innen gesalzen und gepfeffert und in einem Kochbeutel oder Dampfeinsatz eines Topfes etwa 25 Min. vorgegart. In der Zwischenzeit werden die Haferwurzeln unter fließendem Wasser gut abgebürstet, eventuell geschabt und in appetitliche Stücke zerteilt, die Tomaten werden gewaschen und halbiert, die Zitrone entsaftet, die Zitronenschale in feine Streifen zerteilt. Der Backofen wird auf höchster Stufe vorgeheizt. Die vorbereiteten Gemüse in eine Schüssel geben, vermengen, leicht salzen und mit ein wenig Zitronensaft besprenkeln.

Ist die Garzeit des Karpfens um, wird der Fisch zusammen mit den restlichen Zutaten auf einem mit Olivenöl bestrichenen Pergamentpapier oder auf die ebenfalls mit Olivenöl bestrichene Alufolie gelegt. Gefüllt wird der Fisch mit den vorbereiteten Gemüsen. Salzen, pfeffern und mit dem restlichen Olivenöl besprenkeln. Die Alufolie wird fest um die Fisch-Gemüse-Packung geschlossen und das Ganze im heißen Ofen etwa 20 Min. gegart. Sofort servieren.

1 Karpfen, geschuppt und gut ausgenommen, mind. 1 kg schwer

1 kg Haferwurzeln

1 grüne Zitrone, unbehandelt

8 Kirschtomaten

1 Strauß Kerbel

2 EL Olivenöl

Meersalz, Pfeffer

Aluminiumfolie oder Pergamentpapier zum Garen des Fisches im eigenen Saft

» Mein spezieller Tipp

Angler können dieses Rezept mit einer nicht zu kleinen Brasse – sonst hat der Fisch zu viele Gräten – versuchen. Überaus köstlich!

Ähnliches Gemüse

Schwarzwurzel *(Szorzonera hispanica)*

Nachdem sie die Haferwurzel verdrängt hatte, fiel auch die Schwarzwurzel, die ganz zu Unrecht „Proletenspargel“ genannt wurde, in Ungnade. Unter Kaiser Karl dem Großen galt sie als das Gemüse der feinen Leute. In den städtischen Gärten war sie eine viel und gern angebaute Gemüsepflanze, die den herbst- und winterlichen Speiseplan eminent aufwertete und mit einem „Winterspargel“ gleichgestellt wurde. Mittlerweile aber gehört auch die Schwarzwurzel zu den beinahe vergessenen Gemüsesorten. Dabei ist ihr Geschmack, wird sie richtig zubereitet, aufregend, wenn nicht gar ein kulinari-

Schwarzwurzeln

Blüte der Schwarzwurzel

Die Wurzeln sollten geschält werden

sches Erlebnis; zudem ist der Verzehr aus gesundheitlicher Sicht sehr empfehlenswert! Schwarzwurzeln können nämlich gerade für ältere Menschen oder Personen in der Rekonvaleszenz ein wahres Lebens- und Gesundheitselixier sein; preisgünstig sind sie obendrein. Der hohe Anteil an Ballaststoffen fördert die Verdauung, viele Mineralien und Spurenelemente versorgen den Körper optimal beispielsweise mit Magnesium, Kalium und Kupfer. Außerdem ist die Schwarzwurzel kalorienarm und somit hilfreich bei der Gewichtsreduzierung – dann sollte allerdings auf zu viel Sahne und Butter bei der Zubereitung verzichtet werden. Das in den Schwarzwurzeln enthaltene Kupfer hilft den Knochenabbau zu bekämpfen, ein Umstand, der besonders von prophylaktischer Bedeutung ist. Deswegen sollten gerade Frauen, die in die Wechseljahre kommen und der Osteoporose vorbeugen wollen, wenigstens einmal in der Woche dieses Gemüse verzehren; dies spart teure Medikamente und ist nebenbei frei von unerwünschten Nebeneffekten. Die Rezepte der Haferwurzel sind alle auch für die Schwarzwurzel geeignet, genauso können sämtliche Spargelrezepte einfach übernommen werden. Wer die Mühe beim Schälen nicht scheut, wird begeistert sein vom aufregenden Aroma der dunklen Stangen. Beim Schälen unter fließendem Wasser färben sich übrigens die Hände nicht braun! Allerdings sollten die Wurzeln nach dem Schälen sofort in Essig- oder Zitronenwasser gelegt werden, um unschöne Verfärbungen des Gemüses zu vermeiden.

Beim Anbau sollte bedacht werden, dass es einjährige und zweijährige Sorten gibt. Beide stellen beim Anbau wenig Ansprüche an Klima und Boden. Einjährige haben aber den Vorteil, dass das Beet innerhalb eines Jahres beerntet und nicht über zwei Jahre relativ beikrautfrei gehalten werden muss. Mit Blick auf die mitunter schweißtreibende Ernte sollte ein humoser, tiefgründiger Boden gewählt werden; Schwarzwurzeln können mitunter eine Länge von 30 cm erreichen!

Die Aussaat erfolgt bereits im April, wenn das Saatbeet abgetrocknet und ein wenig erwärmt ist. Nicht zu dicht säen, sonst muss vereinzelt werden. Pro Quadratmeter kann mit einer Ernte von 2–2,5 kg Schwarzwurzeln gerechnet werden.

Ähnlich dem Spargel sind nur frische Wurzeln wirklich delikat!

» Mein spezieller Tipp

Werden die Schwarzwurzeln gut abgebürstet und kurz vorgekocht, lässt sich die dunkle Außenhaut wie bei gebrühten Tomaten leicht abziehen!

Gebratene Schwarzwurzel mit Kürbiskern-Pesto

Für die Sauce („Kürbiskern-Pesto") die Kürbiskerne ohne Fett in einer Pfanne rösten, abkühlen lassen und sehr fein hacken. Petersilie von den Stielen zupfen und sehr fein hacken. Rindsuppe mit Kürbiskernöl, Pflanzenöl, Salz und Pfeffer gut verrühren. Die Kürbiskerne und die Petersilie beifügen.

Schwarzwurzeln gründlich waschen, schälen und in einer Mischung aus Milch und 1/2 l Wasser 10 Min. kochen, herausnehmen und mit kaltem Wasser abschrecken und abtropfen lassen. Schwarzwurzeln in 10–12 cm lange, schräge Stücke schneiden. Radicchio putzen, waschen und die Blätter abzupfen. Butter in einer Pfanne erhitzen, Schwarzwurzeln zugeben und goldbraun braten. Mit Salz und Pfeffer würzen. Schwarzwurzeln mit „Kürbiskern-Pesto" und Radicchio auf passenden Tellern anrichten.

800 g Schwarzwurzeln
1/2 l Milch
1 kleiner Kopf Radicchio
30 g Butter

Pesto
60 g Kürbiskerne
2 Bund Petersilie
3 EL Rindsuppe
1/16 l Kürbiskernöl
1/16 l Pflanzenöl
etwas Salz und Pfeffer

Panierte Schwarzwurzel

800 g Schwarzwurzeln
etwas Milch und Wasser
Salz
etwas Zitronensaft
glattes Mehl
Eier und Semmelbrösel zum Panieren

Kräutermayonnaise
2 Dotter
etwas Zitronensaft
Salz, weißer Pfeffer
etwas Worcestersauce
Öl nach Bedarf
beliebige gehackte Kräuter wie Dille Petersilie, Schnittlauch und Estragon
Zitronenscheiben zum Garnieren
Öl zum Backen

Die Schwarzwurzeln waschen und schälen, sodann in einem Gemisch aus Wasser, Salz, Milch und Zitronensaft weichkochen und im Sud erkalten lassen.

Für die Mayonnaise die Dotter mit Salz, Pfeffer, Zitronensaft und Worcestersauce glatt verrühren. Das Öl mit einer Schneerute tropfenweise einrühren und den Abtrieb zuletzt mit den Kräutern vermengen. Die Mayonnaise bis zur Verwendung im Kühlschrank aufbewahren.

Die Wurzeln aus dem Sud nehmen und auf einem Küchenkrepp gut abtropfen lassen. Danach in gleichmäßige Stücke schneiden und salzen. Anschließend in Mehl wenden, in die versprudelten Eier tauchen und zuletzt in den Semmelbröseln panieren. In einer passenden Pfanne reichlich Öl erhitzen und die Wurzeln darin goldgelb backen, herausnehmen und gut abtropfen lassen. Anrichten, mit Zitronenscheiben garnieren und mit der Sauce servieren.

Nachtkerze *(Oenothera biennis)*

Die zweijährige Nachtkerze ist in der Natur häufig anzutreffen. Sie findet sich oft entlang von Straßen und Gräben. Ursprünglich war die Nachtkerze einmal in Peru beheimatet. Sie fand Anfang des 17. Jahrhunderts ihren Weg über Nordamerika nach Europa. Sie wurde früher häufig als Wurzelgemüse angebaut und galt als nahrhaft und wohlschmeckend. Allerdings, so wissen „Nachtkerzenkenner" zu berichten, waren die damaligen Sorten nicht mit dem Überbleibsel der heutigen Zeit vergleichbar, da die Anlage zur Speisewurzelbildung bei den „modernen" Pflanzen kaum noch vorhanden ist. Dies ist eine Behauptung, die ich anhand zahlreicher Experimente nur bestätigen kann, da selbst unter besten Bedingungen – lockerer, tiefgründiger, humoser Boden, der nicht austrocknete – kein befriedigendes Ergebnis erzielt werden konnte, also mickrige, mehr oder wenig stark verästelte Wurzeln zutage kamen. Hier könnte züchterische Pionierarbeit geleistet werden! Es soll noch zwei Sorten geben, bei denen sich der Anbau zu Speisezwecken lohnt: „Große gelbe Salat-Rapontika" und „Kleine feine weiße Rapontika". Ich selbst habe den Samen dieser Sorten nirgends finden können.

Zweijähriger Anbau für Speisezwecke

Aber auch so ist der Verzehr der schmackhaften Wurzel unbedingt eine Erfahrung wert und ein absolutes Muss für einen Gemüsegartenfreund. Sie kann roh oder gegart genossen werden und erinnert im Geschmack ein wenig an Sellerie und an Schwarzwurzel. Beim Anbau im Garten empfiehlt sich eine Aussaat nach Ende April, da die Pflanzen sonst noch im ersten Jahr eine Blüte bilden und das Ausbilden einer kräf-

Linkes Bild: Abends öffnen sich die neuen Blüten
Rechtes Bild: Eine kraftvolle Rosette

tigen Wurzel total „vergessen" könnten. Stattdessen gleicht das bräunliche Gebilde der Wurzel dann mehr einem Strunk Holz, der in der Erde lag – so etwas kann man nicht essen, auch beim besten Willen nicht! Da die Wurzeln der Nachtkerze winterhart sind, können sie bis März im Beet bleiben. Solange sie noch keine Blütenstängel geschoben haben, sind sie für die Verwendung in der Küche brauchbar.

Wurzel ähnelt im Geschmack dem Sellerie und der Schwarzwurzel

Allerdings entschädigt die überaus reiche Blütenbildung aber auch für verlorene Gaumenfreuden. Eine verblüffende Vielzahl schöner, großer, becherförmiger, herrlich gelber und süß dufender Blüten werden von Juni bis in die Septembertage hinein gebildet. Diese Blüten öffnen sich erst in den frühen Abendstunden, wenn die Sonne bereits untergegangen ist. Jeden Abend öffnen sich neue Blüten, verführen mit ihrem betörenden Duft Insekten, um am darauf folgenden Tag abzusterben. Aus diesen Blüten entwickeln sich im Laufe eines Sommers die zahlreichen Samenschoten. In ihnen reifen viele kleine schwarze Samenkörner heran. Diese Samen liefern das teuerste Samenöl der Welt. Es enthält insbesondere die Gamma-Linolensäure, die außer in der menschlichen Muttermilch nur in sehr wenigen Pflanzen vorkommt. Die Einsatzgebiete des Öls sind vielfältig und reichen von der Kosmetik über Nahrungsmittel bis hin zur Heilkunde.

Unterschiedliche Ausbildung der Nachtkerzen-Wurzeln

Nachtkerzen, gebacken, mit Kräuter-Dip

Die geschälten Nachtkerzen der Länge nach halbieren oder vierteln. Im Salzwasser blanchieren, in Eiswasser abkühlen und danach auf ein Tuch oder Küchenpapier zum Trocknen auflegen. Für den Backteig alle Zutaten gut verrühren und mit Salz und Pfeffer würzen.Die Zutaten für den Kräuter-Dip in einer Schüssel verrühren,mit Salz und Pfeffer würzen und abschmecken. Öl in einer Pfanne erhitzen, Nachtkerzen mit Salz und Pfeffer würzen, im Mehl wenden und durch den Backteig ziehen. Im heißen Öl schwimmend ausbacken und auf einem Gitter abtropfen lassen. Auf vorbereiteten Tellern anrichten und mit Kräuter-Dip servieren.

» Mein spezieller Tipp

Die Wurzeln der Nachtkerze können wie Schwarzwurzeln zubereitet werden. Allerdings ist beim Schälen der dünnen Wurzeln Geduld erforderlich, es dauert eine Weile, bis eine komplette Mahlzeit vorbereitet ist!

400 g Nachtkerzen
Salz, Pfeffer
Griffiges Mehl zum Wenden
Öl zum Ausbacken

Backteig

4 EL Vollkornmehl
1 dl Weisswein oder Bier
2 Eier, Salz, Pfeffer

Kräuter-Dip

1 Becher Joghurt (250 g)
1 EL gehackte, gemischte Kräuter wie Petersilie, Schnittlauch ...
Salz, Pfeffer

Speiserüben (*Brassica* sp.)

Herkunft, Bedeutung, Geschichte

Die Herkunft der Speiserüben ist nicht genau bestimmbar, allerdings vermutet man hier den Mittelmeerraum. Raps und Kohl- oder Speiserüben weisen dieselbe Stammpflanze auf. Sie gehören zur Familie der *Brassicaceae,* sind zweijährig, wobei vorwiegend erst im zweiten Jahr ein Blütenstängel gebildet wird. Die Samen der Pflanzenfamilie sind meist ölhaltig, denken wir an Raps oder Rübsen.

Im Herbarium des Otto Brunfels aus dem 16. Jahrhundert ist eine „Rübe" dargestellt, die in der Form den heutigen gleicht. Auch wird darin verwiesen, dass sie täglich gekocht werden. Um welche Rübe es sich hierbei allerdings handelt, ist nur der Zeichnung zu entnehmen. Doch schon lange vor solchen Notierungen waren Speiserüben bei den Römern und Griechen bekannt. Beispielsweise soll die geschichtliche Erwähnung der Steckrübe bis in das 1. Jhd. n. Chr. zurück reichen. Wegen des hohen Nährstoffgehaltes zählte sie bis zur Einbürgerung der Kartoffel zu den Grundnahrungsmitteln. Doch nicht nur des Sättigungsgefühles wegen wurden Rüben angebaut. Erwähnungen ganz anderer Art finden sich diesbezüglich in den Aufzeichnungen des Gourmets Goethe; in seiner Gunst stand stellvertretend das Teltower Rübchen ganz oben.

Die Speiserübe wurde weitgehend durch die Kartoffel verdrängt

Den Niedergang läutete der „Steckrübenwinter" 1917/1918 ein. In den schlechten Zeiten wurde die „ostpreußische Ananas" für fast alles verwendet: ob als Beigabe beim Brotbacken, Ingredienz der Marmelade, für Makronen oder Sauerkraut; das „Arme-Leute-Gemüse" ward geboren.

Mittlerweile etabliert sich manche der Rüben in der Nouvelle Cuisine; in der Vollwertkost haben sie schon länger einen festen Platz zurücker-

Die Formen der Rüben sind sehr unterschiedlich

Mairüben

obert. Das mag zum einen am niedrigen Kaloriengehalt liegen, andererseits ist der Gehalt an Mineralstoffen, Vitaminen und Ballaststoffen recht hoch, wobei kaum Nitrat im Fleisch der Rübe (Steckrübe) vorhanden ist. Ein weiterer beachtenswerter Aspekt ist die relativ frühe oder späte Aussaat. Steckrüben können beispielsweise ins bereits abgeerntete Beet (nach Erbsen beispielsweise) gesät werden, was die Kapazität eines kleinen Gartens ungemein erhöht.

Mittlerweile auch wieder in der „Nouvelle Cuisine" und Vollwertkost zu finden

Ein altes Bauernsprichwort sagt von den Herbstrüben: „Wer Rüben säen will, der hänge den Pflug an den Erntewagen."

Auch der Chinakohl, der, wie der Name vermuten lässt, bereits im 5. Jhd. im Kaiserreich kultiviert wurde und bei uns erst seit dem 19. Jhd. bekannt ist, gehört auch ohne Rübenbildung mit in diese Familie.

Wer allerdings die Rote Bete mit in diese Familie einordnen will, liegt falsch; sie ist kein Vertreter der *Brassicaceae.*

» Mein spezieller Tipp

Gegen Erdflöhe im Kohl säe man Senf mit in das Beet. Das hält die Flöhe fern und erspart dem Garten wie dem Gärtner viel unerwünschte Chemie!

Inhaltsstoffe

Mineralstoffe (Kalium, Magnesium, Phosphor), Zucker (Fructose), Eiweiß, Vitamine

Gesundheitlicher Wert

Sehr niedriger Nitratgehalt

Besondere Bedeutung findet die Speiserübe in der Diätetik, sie stellt aber auch eine interessante Bereicherung für den Speiseplan unserer Kinder dar, da Rüben kaum mit Nitraten belastet sind. Ferner enthalten

Blätter der Mairübe

sie „Betain“, eine Substanz, die neben ihren mild reinigenden Eigenschaften in der Kosmetik Verwendung findet, aber auch die Leber entgiften und so vor den Folgen schädlicher Umwelteinflüsse schützen soll. Menschen, die ungern auf ein Quäntchen Alkohol verzichten, sei der regelmäßige Genuss der Speiserüben angeraten. Da Speiserüben schwer verdaulich sind, sollten empfindliche Menschen den Verzehr in rohem Zustand vermeiden.

» Mein spezieller Tipp

Durch das Würzen mit Kümmel, der übrigens den pikanten Geschmack der Speiserüben ausgezeichnet unterstreicht, wird manches „Rübenmenü“ leichter verdaulich.

Mairübe; mild im Geschmack

Verwendung

Die Knollen werden in der Küche in rohem oder gekochtem Zustand zu Speisen verarbeitet. Die Blätter der Mai- und der Teltower Rübe können ebenfalls in der Küche verwendet und wie Spinat oder Salat zubereitet werden.

Mai-, Wasser- oder Stoppelrübe

(Brassica rapa* var. *rapa)

Ein besonders zarter und frühreifer Vertreter der Speiserüben ist die Mairübe. Im Geschmack ist sie mild, tendenziös etwas süßlich.

Kultur

Ansprüche an Klima und Boden Allgemein verlangen die Rüben einen tiefgründigen, lockeren, humosen Boden. Keinerlei Frischdüngung!

Standort Sonnig bis halbschattig

Aussaattermin April bis August, an Ort und Stelle, dünn säen und rechtzeitig vereinzeln

Keimdauer Bei günstiger Temperatur schon nach einer Woche

Pflanzabstand 20 x 25 cm

Pflege

Gegen Verunkrautung ist vorsichtig mit der Hacke vorzugehen, wobei auf die benachbarten Rüben geachtet werden muss, damit diese nicht mit der Hacke verletzt werden.

TIPP: Gerade die ersten Rübensämlinge werden gern von Erdflöhen heimgesucht und mitunter erheblich geschädigt. Hier hilft eine einfach und preiswert selbst herzustellende Rainfarnjauche effizient, wenn damit der Boden begossen wird. Rainfarnjauche ist sehr einfach herzustellen: Die grünen und blühenden Pflanzenteile des Rainfarns werden in eine Regentonne gegeben und mit Wasser versetzt. Sobald sich das Wasser dunkel verfärbt – etwa nach 2–4 Wochen –, kann die Jauche verwendet werden. Auch Senfsamen, unter die Rübensamen gemengt, hat eine ähnlich abschreckende Wirkung auf die kleinen Sauginsekten.

Ernte

Die Haupterntezeit kann bereits Mitte Mai einsetzen. Geerntet werden die ganzen Pflanzen, wobei auf die Sauberkeit der Blätter zu achten ist.

TIPP: Die zarten, grünen Blätter können als ein dem Spinat ähnliches Gemüse bzw. als Salat oder Suppeningredienz zubereitet, aber auch anstelle von Petersilie in Gemüsegerichten selbst verwendet werden. Auch Senfsamen, unter die Rübensamen gemengt, hat eine ähnlich abschreckende Wirkung auf die kleinen Sauginsekten.

Samengewinnung

Ausgesucht gesunde Rüben werden ab Ende April wieder in den Boden gebracht. Sie schieben im Sommer bereits einen holzigen Blütenstängel, der im Herbst mit unzähligen Samen übersät ist.

In der Küche

Mairüben sind dank ihres milden, etwas an Kohlrabi erinnernden Aromas recht vielseitig zu verwenden. Außerdem bestechen sie durch eine überdurchschnittlich geringe Garzeit. Wegen der ausgesprochen ausgewogenen rundlichen Form und ihrer mittelgroßen Größe ist die Mairübe auch für ungeschickte Hände leicht zu handhaben.

Übrigens: In Österreich werden aus den größeren Vertretern, ähnlich den zu Halloween bearbeiteten Kürbissen, dekorative „Lampen" hergestellt.

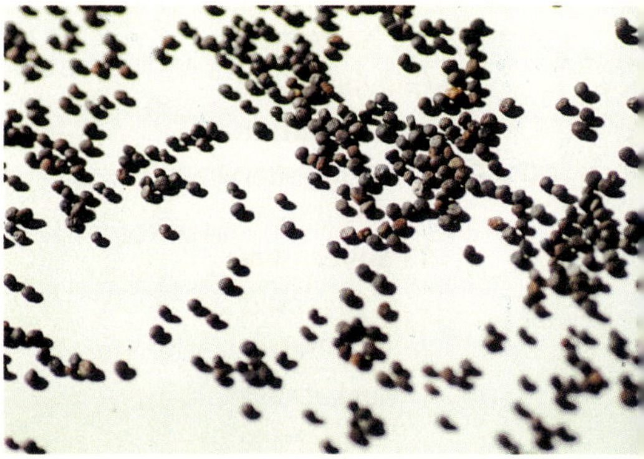

Mairübensamen

Rezepte

Mairüben-Cremesuppe

3–4 mittelgroße Mairüben
2 Zwiebeln
4 mittelgroße Kartoffeln
1 l Gemüsebrühe
1 EL Butter
100 g Räuchertofu oder Kochwürstche
1/4 l Sauerrahm
Meersalz
Pfeffer
Muskatnuss
Petersilie
Schnittlauch

Die Mairübe nebst Kartoffeln und Zwiebeln vorbereiten, säubern und anschließend würfeln. Das Gemüse danach in einem Suppentopf in heißer Butter anbraten. Gelöscht wird mit der Gemüsebrühe. Etwa 15 Min. sollte das Gemüse nun zugedeckt köcheln. In dieser Zeit kann der Räuchertofu in feine Stifte geschnitten oder die Kochwürste in dünne Scheiben zerteilt werden. Anschließend wird die Suppe püriert, der Sauerrahm eingerührt und mit Salz, Pfeffer sowie frisch geriebener Muskatnuss abgeschmeckt.

Zum Schluss werden der vorbereitete Räuchertofu und die fein gehackten Kräuter zur Verfeinerung beigegeben.

Rohkost von Mairübe und Sprossen

Die Mairübe schälen, in feine Streifen schneiden und in einer mit Knoblauch ausgeriebenen Glasschüssel mit den Sprossen mischen. Aus Öl, Salz, Pfeffer und Zitronensaft eine Marinade bereiten und unterheben. Mit den gehackten Kräutern bestreuen.

Auf Tellern anrichten und mit geviertelten Eiern sowie Radieschenscheiben garnieren.

2–3 mittelgroße Mairüben
150 g Sprossen
etwa 10 Radieschen
4 Eier
1 Knoblauchzehe
Kresse
Petersilie
Öl
Meersalz
Zitronensaft
Pfeffer

Mairübenauflauf mit Champignons

Mairüben schälen, in appetitliche Stücke teilen und in ein wenig Salzwasser zugedeckt angaren (knapp 5 Min.). Anschließend abgießen und abtropfen lassen. In der Zwischenzeit die Champignons putzen, waschen und grob schneiden, die Zwiebeln fein würfeln. Die Zwiebeln und die Pilze werden danach in der Butter gut angebraten. Nun wird gesalzen und gepfeffert.

In der Zwischenzeit die Auflaufform mit Butter bestreichen. Dort hinein kommen zuerst die Mairübenstücken, darüber wird die Pilz-Zwiebel-Masse verteilt, die mit gereinigter und klein gewiegter Petersilie bestreut wird.

» Mein spezieller Tipp

Nicht die ganze Petersilie auf einmal verwenden!

Den Auflauf lieber kurz vor dem Servieren nochmals mit fein gewiegter Petersilie bestreuen – das schmeckt umso besser.

Eine andere Möglichkeit besteht darin, das Laub der Mairübe, gemischt mit der Petersilie, als Belag zu verwenden. Sollte dieses noch frisch sein, kann es ebenfalls fein gewiegt über den Auflauf gegeben werden. Den Abschluss bildet der Gouda, der gerieben und von Butterflöckchen und der süßen Sahne gekrönt den Auflauf vervollständigt.

Im vorgeheizten Backrohr bei 200 °C ca. 20 Min. überbacken.

2–3 Mairüben
300 g Champignons
200 g mittelalter Gouda
1/4 l süße Sahne
100 g Butter
1–2 Zwiebeln
Knoblauch
Petersilie
Meersalz
Pfeffer

Mairüben-Pastinaken-Salat mit Paprika

1 mittelgroße Mairübe
1 mittelgroße Pastinake
1 Paprikaschote
1–2 Zwiebeln
2 Äpfel
Schnittlauch, Dill

Marinade
Zitronensaft oder Apfelessig (nach Geschmack)
Meersalz
Vollrohrzucker
Sonnenblumen- oder Kürbiskernöl

Das Gemüse gründlich reinigen, eventuell schälen (schadhafte Stellen in der Schale beseitigen). Mairübe, Äpfel und Pastinake werden grob geraspelt und der Paprika sowie die Zwiebeln in feine Streifen bzw. Ringe geschnitten.

Alle Zutaten in einer dekorativen Glasschüssel vermischen und mit der aromatischen Marinade, in die die fein gewiegten Kräuter untergerührt werden, übergießen. Abschließend wird der Salat noch einmal gründlich durchgearbeitet, dann kann serviert werden.

Mairübensuppe mit Haselnusscroûtons

1 große Zwiebel
2–3 mittelgroße Mairüben
3 Äpfel
1 l Gemüsefond
Saft von einer Zitrone
1/8 l süße Sahne
Meersalz
Pfeffer
Curry
Muskatnuss
2 Vollkornbrötchen
2 EL Haselnüsse, gehackt
Haselnussöl zum Rösten

Die Zwiebel nach dem Schälen in feine Würfel zerteilen, die Mairüben in dünne Schnitze schneiden oder grob raspeln. Anschließend werden die Zwiebelwürfelchen in der Butter nicht zu stark gebräunt. Mit dem Gemüsefond löschen. Die vorbereiteten Mairüben zugeben und zugedeckt etwa 5–10 Min. dünsten lassen. Danach die Äpfel ebenfalls grob geraspelt zur Suppe geben. Kurz aufkochen lassen. Danach wird die Suppe passiert, abgeschmeckt und zum Abschluss mit Sahne verfeinert.

In einer Pfanne die klein gewürfelten Vollkornbrötchen mit den gehackten Haselnusskernen im Haselnussöl unter ständigem Rühren rösten. Die Croûtons werden kurz vor dem Servieren als Einlage in die Suppe gegeben.

Übrigens: Oftmals bleibt Bratensauce übrig, und man weiß nicht so recht, was damit gemacht werden soll. Zum Wegwerfen ist sie allemal zu schade, sie kann aber für eine Vielzahl feiner Suppen eine aromatische Grundlage bilden! Zusammen mit 2–3 mittelgroßen Mairüben und einigen Kartoffeln sowie ein paar Kräutern kann aus solch einem Rest eine ganz passable Suppe kreiert werden. Einfach die fehlende Flüssigkeit durch Wasser ergänzen, etwas nachwürzen und Bratenreste, in appetitliche Stücke zerteilt, sowie geraspelte Mairüben und gewürfelte Kartoffelstücke hinzufügen und garen. Mit frischer Petersilie bestreut und einem guten Vollkornbrot als Beilage, wird diese Suppe selbst einen Skeptiker überzeugen.

Mairübensalat mit Weizenkeimlingen

Joghurt mit Zitronensaft, Honig, Salz, Pfeffer und Sonnenblumenöl verrühren. Die Mairüben schälen und grob raspeln, Radieschen in gefällige Stücke schneiden und zusammen mit den frischen Gartenkräutern in einer dekorativen Glasschüssel anrichten. Darüber werden die Weizenkeimlinge gegeben und abschließend wird alles mit der Sauce vermengt. Den Salat zum Schluss mit dem fein gewürfelten Gouda bestreuen und servieren.

» Mein spezieller Tipp

Dieser Salat kann auch auf Salatblättern angerichtet und mit Radieschenscheiben dekoriert werden. Im vorgeheizten Backrohr bei 200 °C ca. 20 Min. überbacken.

2–3 mittelgroße Mairüben
10–15 Radieschen
100 g Weizenkeimlinge
50 g mittelalter Gouda
150 g Joghurt
1 EL Zitronensaft
1 EL Honig
Meersalz
Pfeffer aus der Mühle
2 EL kaltgepresstes Sonnenblumenöl
4 EL frische, Gartenkräuter, fein gehackt

Mairüben-Pastinaken-Ragout mit Bandnudeln

Die Pilze putzen und in dünne Scheiben teilen. Die Zwiebel nach dem Schälen fein würfeln und zusammen mit der gereinigten und in feine Stifte zerteilten Pastinake in der Butter dünsten. Mit der Gemüsebrühe ablöschen. Danach werden die vorbereiteten Pilze und die grob geraspelten Mairüben zugegeben. Alles sollte nun zugedeckt etwa 5 Min. ordentlich köcheln. Danach wird gewürzt, die süße Sahne zugefügt, abgeschmeckt und kurz vor dem Servieren die fein gewiegte Petersilie untergehoben.

In der Zwischenzeit werden die Bandnudeln gegart, die nun zusammen mit dem Ragout serviert werden.

2 mittelgroße Mairüben
1 mittelgroße Pastinake
300 g Bandnudeln
100 g Champignons
1 große Zwiebel
Meersalz
1 Tasse Gemüsebrühe
1 EL Butter
1 EL Zitronensaft
Pfeffer aus der Mühle
Muskatnuss
1/8 l Sahne
3 EL Petersilie, gehackt

Mairübe mit Quinoa-Champignon-Füllung

4 mittelgroße Mairüben
120 g Quinoa
200 g Champignons
60 g Frischkäse
1/2 l Gemüsebrühe
1 Zwiebel
1 EL Butter
Meersalz
Pfeffer
3 EL Schnittlauch, fein gewiegt
1 Knoblauchzehe
Petersilie zum Garnieren

Die Mairüben schälen und von der Wurzel her vorsichtig mit einem spitzen Küchenmesser oder einem Apfelausstecher aushöhlen, dass etwa noch ein 1cm breiter Rand übrig bleibt. Die so vorbereiteten Mairüben werden nun unter ständiger Aufsicht in der Gemüsebrühe bei mäßiger Hitze gekocht, bis sie bissfest sind. Danach werden sie aus der Gemüsebrühe genommen und in eine Auflaufform gelegt. In den kochenden Fond wird nun das Quinoa gegeben. Dies sollte etwa 15 Min. bei mäßiger Hitze garen.

In der Zwischenzeit die fein gewiegte Zwiebel nebst der gepressten Knoblauchzehe in der Butter anbraten. Danach die gereinigten und in dünne Scheiben zerteilten Pilze zufügen und ebenfalls kräftig schmoren. Aus dem leicht ausgekühlten und nachgequollenen Quinoa, dem Frischkäse, Salz, Pfeffer und Schnittlauch sowie der Zwiebel-Pilz-Mischung eine breiige Masse bereiten und in die vorbereiteten Mairüben füllen.

Die aus den Mairüben auf dem Boden der Auflaufform ausgetretene Flüssigkeit nicht abgießen!

Abschließend werden ein paar Butterflöckchen und etwas Käse über den gefüllten Mairüben verteilt und der Auflauf wird bei 200 °C etwa eine 1/4 Stunde lang überbacken.

Vor dem Servieren noch mit fein gewiegter Petersilie bestreuen.

» Mein spezieller Tipp

Dieses Rezept kann durch Zugabe von Räucher-Tofu oder Räucher-Seitan bzw. magerem Kasseler Braten geschmacklich verändert werden.

Herbst-, Steck- oder Kohlrübe bzw. Wruke *(Brassica napus* subsp. *rapiferae)*

Kultur

Ansprüche an Klima und Boden Anspruchslos. Gedeiht auf ziemlich allen Böden gleich gut bei ausreichender Feuchtigkeit, auch in klimatisch ungünstigen, kalten Lagen

Standort Sonnig bis halbschattig

Aussaattermin Ende Juni bis Anfang August

Keimdauer Unter günstigen Bedingungen etwa drei Wochen

Pflanzabstand

50 x 20 cm

Pflege

Steckrüben sind der ideale Nachfolger nach der Ernte der Frühkartoffeln. Nachdem das Saatbeet vorbereitet wurde, wird dünn gesät. Auf Bormangel reagieren die Rüben empfindlich. Schädlinge sind Drahtwürmer, Erdflöhe, Kohlfliegen. Tagetes, Senf schaffen auch hier gute Abhilfe. Die jungen Pflanzen sollten vor allzu starker Verunkrautung und vor Kohlhernie durch eine optimale Bodengesundheit geschützt werden.

TIPP: Als sehr wirkungsvoll gegen die Pilzinfektion Kohlhernie erwies sich der Einsatz von kohlensaurem Kalk (im Infektionsfall auf das für den Kohl vorgesehene Beet 200 g/m^2 streuen und gut unterarbeiten). Befallene Pflanzen gehören keinesfalls auf den Kompost!

Ernte

Ehe stärkere Fröste übers Land ziehen, sollten die Herbstrüben geerntet und in Keller, Miete oder Kühlraum gelagert werden.

Samengewinnung

Ausgesucht gesunde Rüben werden ab Ende April wieder in den Boden gebracht. Sie schieben im Sommer bereits einen holzigen Blütenstängel, der im Herbst mit unzähligen Samen übersät ist.

Auch Herbstrüben können sehr unterschiedlich aussehen

Rezepte

Steckrüben-Gemüse-Eintopf I

1 kleine Steckrübe
2 Möhren
2 Lauchstangen
1 Pastinake
1 Sellerie
4 mittelgroße Kartoffeln
1 Handvoll Gerstengraupen
2 große Zwiebeln
Räuchertofu oder Seitan „Kasseler Stück"
Kräuter
frischer Ingwer
Butter, Meersalz
Pfeffer
Liebstöckel
Beifuß nach Geschmack

In einem Topf eine fein gewürfelte Zwiebel in wenig Butter bräunen. Gelöscht wird mit etwa 1 1/2 l Wasser. Danach die Graupen zugeben und schwach salzen. Wer mag, kann etwas Knoblauch hinzufügen. Anschließend in das siedende Kochwasser gut geputzte und gewürfelte Möhren-, Sellerie-, Steckrüben- und Kartoffelstückchen nebst dem in dünne Scheiben geschnittenen Lauch sowie dem in feine Streifen geteilten Ingwer geben. Ein Ästchen Liebstöckel und etwas Beifuß ergänzen das Aroma der Suppe. Kurz bevor das Gemüse gar wird, wird in einer Bratpfanne in der restlichen Butter die zweite Zwiebel, die ebenso wie die Pastinake fein gewürfelt und schwach gesalzen wurde, gebräunt.

Abgeschmeckt wird mit Salz und Pfeffer, verfeinert mit frischen Kräutern und feinen Streifchen Räuchertofu oder Räucherseitan, die kurz aufkochen sollten. Kurz vor dem Servieren werden die gebräunten Zwiebel- und Pastinakenwürfelchen in die Suppe eingerührt.

Steckrüben-Gemüse-Eintopf II

In einem Suppentopf werden die Schweinsfüße in reichlich Salzwasser gekocht, bis sie beinahe auseinanderfallen (Räucherrippchen benötigen in der Regel eine kürzere Garzeit und sollten etwa eine 1/2 Stunde später zugefügt werden!). Danach wird der Fond durch ein Sieb gegossen und erneut in einen Suppentopf gegeben. In die Fleischbrühe nun die geschälte und geraspelte Steckrübe sowie die geschälten und gewürfelten Kartoffeln und den Kümmel geben. Möhren und Porree reinigen und etwas später der Suppe beifügen. Während die Suppe langsam köchelt, die fein gewürfelten Zwiebeln in ein wenig Butter bräunen. Nachdem die Suppe etwa 20 Min. Zeit zum Garen hatte, werden das restliche Gemüse, die braunen Zwiebelwürfel und das Maggikraut ebenfalls in den Suppentopf gegeben. Eventuell sollte noch einmal ein wenig nachgesalzen werden.

Wer mag, kann das Fleisch der Schweinsfüße und der Räucherrippchen in appetitliche Stücke zerteilt in die Suppe geben.

Sehr heiß servieren. Zur Suppe passt eine Scheibe gutes Vollkornbrot!

1 mittelgroße Mairübe
2–3 Schweinsfüße oder Räucherrippchen
2 Möhren
2 Lauchstangen
1 Pastinake
6 mittelgroße Kartoffeln
2 große Zwiebeln
1/2 EL Butter
Meersalz
Pfeffer
Kümmel
Liebstöckel

›› Mein spezieller Tipp

Eine Prise Pfeffer verfeinert den Geschmack dieser delikaten Suppe.

Steckrübencremesuppe

1 Steckrübe
8 Kartoffeln
1 1/2 l Rindfleischbrühe aus der Beinscheibe
Saft von 1 Zitrone
Muskatnuss
1/8 l süße Sahne
Meersalz
eventuell 1–2 Eier
Kümmel
1 Bund Petersilie

Die Rübe und die Kartoffeln schälen, waschen, würfeln und anschließend in die kochende Fleischbrühe geben. Wenn sie gar gekocht sind, die Suppe mit einem Pürierstab pürieren. Danach die süße Sahne beimengen und mit Salz, Zitronensaft und Muskatnuss würzen.

All jene, denen die Suppe nicht sämig genug erscheint, können sie noch mit 1–2 Eiern glatt ziehen. Zuletzt wird das fein gewürfelte, magere Beinfleisch mit der fein gewiegten Petersilie in die Suppe gegeben. Vor dem Servieren umrühren.

Steckrübenschnitten mit Kräutersauce

1 mittelgroße Steckrübe
1/2 l Gemüsebrühe
200 g Joghurt
100 g Quark
Meersalz
Pfeffer
1/2 TL Senf
1/2 TL Honig
je 1 EL Schnittlauch, Dill, Petersilie
Borretsch
Pimpernell, frisch gehackt
2 Eier
3 EL Dinkelvollkornmehl
3 EL Okara
2 EL feine Haferflocken
ungehärtetes Kokos- oder Palmfett zum Braten

Die Steckrübe wird dünn geschält und in 1 cm starke Scheiben zerteilt, die in der Gemüsebrühe zugedeckt 10–12 Minuten dünsten sollten. Danach die Steckrübenscheiben zum Abtropfen und Auskühlen auf einen Rost legen.

In der Zwischenzeit zum Panieren Okara mit Haferflocken auf einem flachen Teller vermengen. Auf einen zweiten Teller wird das Dinkelvollkornmehl gegeben. Die zwei Eier in einem Suppenteller salzen, pfeffern sowie mit Senf versehen und anschließend verquirlen, so dass eine kräftig aromatische Panade entsteht.

Zum Panieren werden die Steckrübenscheiben zuerst in Dinkelvollkornmehl gewälzt, dann vorsichtig abgeklopft und anschließend vollständig in die Panade eingelegt. Danach die Steckrübenscheiben beidseitig im Okara-Haferflocken-Gemisch wenden und in heißem Fett goldgelb herausbraten. Für die Kräutersauce werden Joghurt, Quark, Meersalz, Pfeffer, Honig sowie die gehackten Kräuter vermischt und abgeschmeckt.

Die Steckrübenschnitten mit der Kräutersauce am besten zu Vollkorn reis oder Pellkartoffeln servieren!

Stielmus schmeckt herb-säuerlich

Stielmus

Beim Stielmus kann es sich um das Kraut von Speiserüben, hier vorzugsweise der Mairübe oder dem zarten Teltower Rübchen, handeln. Es gibt mittlerweile aber auch wieder „richtigen" Stielmussamen.

Das auch unter dem Namen Rübstiel, Streif- oder Stengelmus vor einigen Jahrzehnten reichlich verzehrte Gemüse – da gab es ja auch die Rüben noch – erlebt mittlerweile wieder und zu Recht ein regelrechtes Comeback. In der Nouvelle Cuisine ist das Stielmus gegenwärtig noch ein Geheimtipp, erfahrene Köche experimentieren allerdings eifrig mit den herb säuerlichen Blättern und verleihen mancher Speise unnachahmliche Nuancen.

Kultur

Ansprüche an Klima und Boden

Anspruchslos. Gedeiht bei ausreichender Feuchtigkeit auf ziemlich allen Böden. Die Pflanzabstände sollten eingehalten werden, damit sich eine ausreichende Blattmenge entwickelt.

Standort

Sonnig bis halbschattig

Aussaattermin

März bis Anfang Juni

Keimdauer

Unter günstigen Bedingungen etwa 10 Tage

Pflanzenabstand

15 x 5 cm

Pflege

Stielmus ist die ideale Vorfrucht vor den kälteempfindlichen Kulturen wie Gurken, Melonen oder Tomaten. Unter günstigen klimatischen Bedingungen können erste Aussaaten im Folientunnel bereits Ende Februar erfolgen, so dass bereits im April geerntet werden kann.

Ernte

Ab April möglich bis in den Juli

TIPP: Damit ein recht üppiger Wuchs der Stängel gelingt, sollte die Aussaat der Rüben sehr dicht erfolgen. Dadurch wird einerseits ein Ausbilden der Rübe verhindert, andererseits das Stängelwachstum angeregt.

Rezepte

Stielmus-Grünkern-Auflauf

800 g Stielmus
250 g Grünkernschrot
100 g aromatischer Käse, frisch gerieben
1 Tasse süße Sahne
1/2 l Gemüsebrühe
2 Eier
1/2 TL Meersalz
Pfeffer aus der Mühle
Muskatnuss
etwas Öl zum Ausstreichen der Form

Die Gemüsebrühe aufkochen, das Grünkernschrot einrühren und unter ständigem Rühren aufkochen lassen. Bei geringer Hitze ca. 15–20 Min. quellen lassen und darauf achten, dass es nicht anbrennt!

In der Zwischenzeit das Stielmus waschen, putzen und in kleine Stücke zupfen. Diese werden kurz in kochendem Salzwasser blanchiert. Danach werden sie in einem Sieb oder Durchschlag mit fließendem kalten Wasser abgespült und zum Abtropfen in die Spüle gestellt.

Aus der Sahne, den Eiern und dem frisch geriebenen Käse eine Sauce zubereiten, die mit Meersalz, Muskatnuss sowie Pfeffer kräftig gewürzt wird.

Nun wird eine Auflaufform befettet und abwechselnd die Grünkernmasse und das abgetropfte Stielmus hineingeschichtet. Den Auflauf abschließend mit der Käse-Sahne-Ei-Masse übergießen.

Im vorgeheizten Backofen bei 200 °C ca. 15–20 Min. backen.

» Mein spezieller Tipp

Der Auflauf kann portionsweise mit einer Sauce hollandaise angerichtet und mit Röstzwiebeln bestreut werden.

Stielmussalat

500 g Stielmus
1 Zitrone
2 Äpfel
1 Handvoll zarter Löwenzahnblätter
1 Zwiebel
Meersalz
Pfeffer aus der Mühle
Olivenöl
Vollrohrzucker nach Geschmack
Kräuter

Die Stielmusblätter werden gründlich gereinigt und in 2 cm breite Streifen geschnitten. Danach kommen sie tropfnaß in eine Pfanne und werden bei milder Hitze bis zum Zusammenfallen geschmort (4–7 Min.). Anschließend zum Abtropfen in einen Durchschlag geben. Die Zwiebel in feine Streifen schneiden oder würfeln, die Löwenzahnblätter gut waschen, anschließend ebenfalls in 2 cm breite Streifen schneiden. Zwiebel und Löwenzahn in eine Schüssel geben und die beiden geraspelten Äpfel hinzufügen.

Aus dem Saft der Zitrone, dem Olivenöl, dem Vollrohrzucker und den Gewürzen eine aromatische Salatsauce bereiten. Nachdem das gut abgetropfte, aber noch warme Stielmus ebenfalls in die Schüssel gegeben wurde, wird der Salat mit der Sauce gut vermengt.

Den Salat vor dem Servieren mit den gehackten Kräutern bestreuen.

Er schmeckt vorzüglich zu Bratlingen und Pellkartoffeln.

Stielmusgemüse mit Käseklößchen

Aus den Zutaten wird ein Teig bereitet, der für eine 1/2 Stunde im Kühlschrank ruhen muss. Davon werden nach der Ruhephase mit einem Löffel etwa 12 gleich große Klößchen abgestochen, die in leicht gesalzenem Wasser etwa 15 Min. kochen.

In der Zwischenzeit das Stielmus in Stücke zupfen, waschen und anschließend in Butter dünsten. Gelöscht wird mit der Gemüsebrühe. Zugedeckt sollte das Gemüse, wobei die beiden Knoblauchzehen durch die Knoblauchpresse hinzugefügt werden, bei milder Hitze etwa 15 Min. garen. Zum Abschluss die Gewürze sowie die süße Sahne unterrühren. Danach sollte das Gemüse nochmals weitere 3 Min. dünsten.

Die Käseklößchen werden mit dem Stielmusgemüse auf einem flachen Teller angerichtet.

Klößchen

250 g Magerquark

2 Eier

100 g feines Dinkelschrot

75 g aromatischer Käse, gerieben

Muskatnuss

Meersalz, Pfeffer

Gemüse

500 g Stielmus

1 EL Butter

1 Tasse Gemüsebrühe

1/8 l süße Sahne

Meersalz, Pfeffer

2 Knoblauchzehen

Teltower Rübchen

(Brassica rapa subvar. *pygmaea)*

Das Teltower Rübchen ist eine Zwergform der schon äußerst milden, weißen Rübe. Goethe hat diese kleine, absolut zarte Versuchung sehr geschätzt. Auch diese Pflanze erlebt mittlerweile eine Renaissance, obwohl die Rübchen doch sehr klein und aus diesem Grund sehr zeitaufwändig in der Verarbeitung sind. Allerdings soll diese Renaissance eine etwas schwierigere Geburt gewesen sein, da kaum noch qualitativ hochwertiges Saatgut vorhanden war. Die Franzosen hingegen hegten ihr «navets de Teltow», welches die französischen Truppen Napoleons während der Befreiungskriege um 1813 in ihre Heimat „entführt" hatten, und verfügen über eine Vielzahl geschmacklich interessanter Rübchen-Gerichte.

Die Rübchen werden auf nährstoffarmen Sandböden angebaut und gedeihen auf diesen gut. Das Teltower Rübchen ist eine klassische Herbst-Winter-Frucht.

TIPP: Die kleine Knolle schmeckt am besten, wenn sie wenigstens einmal kräftigen Frost bekommen hat.

Kultur

Ansprüche an Klima und Boden Allgemein gilt für diese Rübchen ein tiefgründiger, lockerer, sandiger Boden. Auch hier: Keinerlei Frischdüngung!

Standort Vorwiegend sonnig

Aussaattermin Mai bis August, an Ort und Stelle, dünn säen und rechtzeitig vereinzeln

Keimdauer Bei günstiger Temperatur schon nach einer Woche

Pflanzabstand 10 x 20 cm

Pflege Gegen Beikraut ist vorsichtig mit der Hacke vorzugehen. In trockenen Wetterphasen sollte eine ausreichende Bewässerung gewährleistet werden, damit das Rübcheninnere fest und saftig bleibt.

Ernte Die Haupterntezeit kann bereits im August/September einsetzen, allerdings sollten die Knollen dann vor dem Verzehr erst in der Gefriertruhe durchgefroren werden. Geerntet wird die ganze Pflanze, wobei stets auf die Sauberkeit der Blätter geachtet werden sollte, da diese ebenfalls in der Küche ihre Verwendung finden können.

TIPP: Die zarten, grünen Blätter können als ein dem Spinat ähnliches Gemüse sowie als Salat oder Suppeningredienz zubereitet, aber auch anstelle von Petersilie in Gemüsegerichten selbst verwendet werden.

Samengewinnung

Ausgesucht gesunde Rüben werden ab Ende April wieder in den Boden gebracht. Sie schieben im Sommer bereits einen holzigen Blütenstängel, der im Herbst mit unzähligen Schoten besetzt ist.

In der Küche

Das Teltower Rübchen ist dank des mild-süßlichen, etwas an Radieschen erinnernden Aromas recht vielseitig zu verwenden. Als Rohkost entfällt zudem das aufwändige Schaben der kleinen Knollen.

Übrigens: Der regelmäßige Genuss der Rübchen kann als Krebsschutz fungieren. Sie enthalten die Vitamine A, B, C sowie Magnesium, Kalzium, Eisen und Jod.

Rezepte

Rübchen-Backlinge

10 Teltower Rübchen
1 kleine Pastinake
1 Tasse Vollkornreis
1/2 l Gemüsebrühe
1/2 TL Meersalz
1–2 EL Sonnenblumenkerne
1 EL Butter
1 Ei
1 EL Magerquark
2 EL Petersilie, fein gehackt
1 EL Dill, fein gehackt
Pfeffer
ungehärtetes Kokos- oder Palmfett zum Braten

Der Reis wird in der Gemüsebrühe langsam gegart, eventuell sollte er Zeit zum Nachquellen haben. All jene, denen dieser Vorgang zu lange dauert, können den Reis über Nacht auch in etwas Wasser einweichen, dann verkürzt sich die Garzeit erheblich auf etwa 30 Min.!

Die Sonnenblumenkerne werden in einem nicht befetteten Topf oder einer trockenen Pfanne geröstet.

Pastinake und Rübchen putzen, raspeln und in etwas Butter kurz dünsten, bis sie leicht glasig aussehen.

Nun werden alle Zutaten in einer Schüssel miteinander vermengt. Die Sonnenblumenkerne sollten zuvor grob zerkleinert werden.

Nach dem Würzen und Abschmecken können aus der Masse bis zu 12 Backlinge geformt werden, die in heißem Fett von beiden Seiten appetitlich braun gebraten werden.

Eine Variante wäre auch, sie zuvor in einem Okara-Käse-Paniergemisch zu wälzen und dann goldbraun zu braten.

Teltower Rübchen, glaciert

1 kg Teltower Rübchen
2 EL Zucker
1 EL Mehl
etwas Butter
1/2 l Fleischbrühe
Salz
Pfeffer

Die Rübchen schaben, halbieren oder vierteln, waschen, in der Brühe bissfest kochen und im Sieb abtropfen lassen.

Danach wird in einem möglichst breiten Topf der Zucker leicht gebräunt (karamelisiert), anschließend die Butter hinzugefügt und mit der Fleischbrühe abgelöscht.

Die tropfnassen Rübchen werden zugegeben. Unter vorsichtigem Rühren fertig köcheln, nach Belieben mit frischer gehackter Petersilie anrichten.

Ähnliches Gemüse

Kerbelrübe *(Chaerophyllum bulbosum)*

Ebenfalls erwähnt sei an dieser Stelle die Kerbelrübe, die im Geschmack unvergleichlich aromatisch ist.

Die Kerbelrübe ist ein zweijähriges Doldengewächs. Die Aussaat erfolgt von März bis April oder von September bis November. Bei der Frühjahrsausaat ist das Saatgut einer Frostbehandlung zu unterziehen (Kältekeimstimmung).

Überaus aromatisch, aber in der Kultivierung sehr schwierig

Reihenabstand: 20 cm
Abstand in der Reihe: 4–6 cm
Saattiefe: 2 cm
Ernte: ab Juli (wenn die Blätter vergilben)

Kerbelrüben schmecken, in Salzwasser gekocht, als Beilage zu Fleisch hervorragend.

Die Kultivierung dieser Pflanze ist sehr schwierig, und selbst ich bin mehrfach gescheitert, so bin ich nicht in der Lage, wertvolle praxisbezogene Ratschläge im Umgang zu geben. Meine Erlebnisse mit der seltenen Sämerei möchte ich Ihnen aber dennoch nicht vorenthalten:

Samen bis zur Aussaat möglichst kühl lagern

Der Samen der Kerbelrübe ist nur kurze Zeit keimfähig, auch muss er vor der Aussaat einer Frosteinwirkung ausgesetzt werden. Weiters soll er auch möglichst kühl bis zum Aussaattermin gelagert werden, um die Keimfähigkeit zu gewährleisten. Dies erfolgte, indem die Samentüte vorerst 24 Stunden in der Gefriertruhe zwischengelagert und später im Gemüsefach des Kühlschranks aufbewahrt wurde.

Kerbelrüben

Im September hatte ich das Gartenland saatfertig vorbereitet, auf eine Düngung mit frischem Mist aus unserem Kuhstall verzichtet und die Kerbelrübensamen in Reihen gesät. Diese wurden gekennzeichnet. Vergeblich habe ich bis in den April hinein auf ihr Aufgehen gewartet.

Daher organisierte ich im Jahr darauf erneut den Samen dieser Rarität, jedoch um einiges schlauer; diesmal legte ich Radieschensamen mit in die Reihen, um ganz sicher zu sein, dass bei der Unkrautregulierung dem begehrten Wurzelgemüse nicht der Garaus bereitet würde. Ich

Die Form der Rübchen kann sehr unterschiedlich sein

sollte zusätzlich noch erwähnen, dass sich mein kleiner Garten – der große liegt, ich berichtete bereits davon, im Feld – hinter dem Hühner-, Schweine- und Kälberauslauf ausbreitet. Dieses Mal wartete ich nicht bis in den Herbst mit dem Termin der Aussaat, sondern übergab dem Boden bereits im August den Samen. Reichlich zeigten sich neben Unkräutern auch deutlich zarte Blätter der Rübe. Die Vorfreude auf das Abenteuer „Die Kerbelrübe in der Küche" wurde allerdings durch meine Kälber getrübt, die eines Tages den Zaun missachteten und binnen eines einzigen Nachmittages den Gartenboden gut und tief durchgearbeitet haben. Da ich obendrein von einem Freund auch um dessen vergebliche Bemühungen um die Kultur der Kerbelrübe weiß, habe ich nun (vorerst) die Finger davon gelassen.

Übrigens: Das „Mixed Greens", das Nationalgericht der amerikanischen Südstaaten, sowie das „Pote Gallego", die Nationalspeise der Nordwestspanier, ist ohne Rübstiele oder Rübenkraut undenkbar.

Melde *(Atriplex hortensis)*

Grüne und ...

... rote Gartenmelde

Herkunft, Bedeutung, Geschichte

Unter der ländlichen Bevölkerung gibt es wahrscheinlich kaum jemanden, der das tannenbaumförmige „Ackerunkraut" nicht kennt! Neben dem „Roten Heinrich" war es noch vor ein paar Jahren das gefürchtetste Unkraut überhaupt. „Dank" chemischer Beikrautregulierung hat die Melde allerdings ihren Schrecken verloren (hätte man sie, anstelle sie zu vergiften, weiterhin gegessen, bräuchten wir auch in diesem Fall die Chemie nicht!). Wen wundert es, dass in jüngerer Vergangenheit besonders im ökologischen Landbau immer wieder „heftigste" Beikrautbestände auftreten, die im Spätsommer nur allzu deutlich auf den fehlenden Einsatz diverser chemischer Unkrautvernichtungsmittel hinweisen. Sind die Pflanzen erst einmal den Landwirten über den Kopf gewachsen, können sie selbst mittels schärfster Hacken, Sicheln und Messer kaum noch beseitigt werden. Und der schon einmal ein Feld ausgewachsener Melde von ihr gesäubert hat, der weiß, dass sie sich auch nur ganz schwer ausreißen lässt. Von der Frage: Wohin mit dieser Unmenge Biomasse? ganz zu schweigen (die Ziegen übrigens fressen Melde gerne, Kühe sind dagegen weniger begeistert!). Selbst die ausgerissenen Pflanzen wachsen nur zu gern am Boden wieder an, falls nur ein noch so kleines Würzelchen Bodenkontakt haben sollte.

Botanisch gehört die Gartenmelde zur Familie der Gänsefußgewächse *(Chenopodiaceae)*. Beheimatet war die Pflanze in Südosteuropa, im Kaukasus und in Zentralasien bis nach Sibirien. Sie war bis in das 19. Jahrhundert in verschiedenen Regionen als „Spinatpflanze" geschätzt, in Deutschland hingegen wurde sie weniger angebaut. Im Laufe der Zeit verdrängte der Spinat, der neben Mangold und dem Guten Heinrich ebenfalls zur Familie der Gänsefußgewächse zählt, die Melde fast vollständig. Trotzdem ist die Gartenmelde heute weltweit verbreitet. Die anspruchslose und robuste Pflanze wächst in mittelbarer Nähe menschlicher Ansiedlungen an Mauern und auf Äckern, auf Feldwegen sowie auf Schuttplätzen.

Die Gartenmelde ist ein einjährig wachsendes Kraut. Je nach Sorte und Standort kann das Kraut bis zu 2 m groß werden. Die Blattfarbe variiert nach Sorte zwischen Gelb, Grün, Rot und Violett. Die Blätter erinnern durch die herzförmig-dreieckige Form an leicht zusammengestauchte Pfeilspitzen. Darauf könnte der botanische Gattungsname

Hoher Vitamin C-Gehalt

Samenstände der roten Gartenmelde

„Atriplex" zurückgeführt werden, der „dreifach" bedeutet und wohl auf die dreieckige Form der Blätter hinweist. Hingegen soll der Name „Melde" wohl auf die zarte Blattbeschaffenheit bzw. den milden Geschmack Bezug nehmen.

Die Blütezeit währt etwa von Juli bis September.

Gesundheitlicher Wert

Dank des hohen Vitamin C-Gehaltes wirkt Meldekonsum diversen Erkältungskrankheiten entgegen.

Inhaltsstoffe

Die Gartenmelde enthält nennenswerte Mengen an Proteinen und Kohlenhydraten sowie Calcium, Eisen und Vitamin C (30 mg in 100 g Blättern).

Kultur

Ansprüche an Klima und Boden Relativ unempfindlich. Gedeiht auf jedem Boden, sogar im Halbschatten.

Standort Sonnig bis halbschattig

Aussaattermin Im Herbst in das vorbereitete Saatbett oder im zeitigen Frühjahr, sobald sich der Boden erwärmt hat. Unter günstigen Bedingungen – reichlich Feuchtigkeit im Boden – kann durchaus bis Anfang Juni nachgesät werden!

Keimdauer Unter günstigen Bedingungen etwa 10 Tage

Pflanzabstand 25 x 25 cm

Pflege Optimale Bedingungen zahlen sich auch bei dieser anspruchslosen Pflanze aus. Deshalb sollte eine starke Verunkrautung vermieden werden. Guter humoser Boden, der bei längeren Trockenzeiten gelegentlich bewässert werden sollte, sichert gute Erträge.

Ernte Kleine Pflanzen können in einer Größe bis etwa 10 cm ganz geerntet und verwendet werden. Bei den größeren Pflanzen werden die Blätter laufend abgeerntet. Nicht die kleinen Herzblätter entfernen, damit die Melde weiter wachsen kann!

In der Küche

Die Blätter der Melde lassen sich wie Salat oder Spinat zubereiten. Damit das „Blattmehl" entfernt wird, müssen sie allerdings gut gewaschen werden. Im Handel gibt es auch Sorten, die kaum noch mit „Blattmehl" behaftet sind.

Junge Blätter schmecken besonders gut

Übrigens: Ein Rohsalat aus verschiedenen Meldesorten schmeckt nicht nur vortrefflich, sondern kann in einer Glasschüssel besonders dekorativ zur Geltung kommen – das Auge isst ja bekanntlich mit!

Auch beim Kochen weist die Melde unterschiedliche Farbtöne auf. So ergibt die rote Sorte ein dunkleres, rötliches Gemüse, die gelbe Sorte ein leicht grünliches und die grüne Melde gleicht beim Erhitzen der Farbe des Spinats.

TIPP: Dekorieren mit farbiger Melde! Sogar in einer Vase kommen die kräftigen Farben der Gartenmelde gut zur Geltung!

Übrigens: In einigen Teilen Deutschlands hat sich die Bezeichnung „Scheißmelde oder „Schissmelde" eingebürgert. Da dem Verzehr der Pflanze tatsächlich eine abführende Wirkung auf unseren Verdauungstrakt nachgesagt wird und sie schnell wächst, also „schießt", kann nicht zweifelsfrei geklärt werden, auf welche Eigenschaft sich der Volksmund mit seinen eher derben Ausdrücken bezieht.

Meldesamen – am Acker gefürchtet

Rezepte

Melde-Kohlrabi-Kartoffel-Auflauf

400 g Meldeblätter
10 Kartoffeln
3 Kohlrabi
1 Zwiebel
1 Knoblauchzehe
1 EL Butter
Muskatnuss
Meersalz
Pfeffer

Sauce
30 g Sesamsamen
2 EL Weizen- oder Dinkelschrot, fein vermahlen
1/2 l Milch
1 Tasse süße Sahne
Muskatnuss
Meersalz
Pfeffer
1–2 TL Zitronensaft
aromatischer Käse, gerieben, nach Bedarf

Die Kartoffeln werden gründlich gereinigt und mit der Schale gekocht.

In der Zwischenzeit die Sesamkörner und das Weizenschrot separat darren, bis die Mischung wunderbar duftet. Nach dem Abkühlen des Schrotes die Milch einrühren und auf dem Herd bei milder Hitze etwa 2 Min. lang aufkochen. Sollte das Weizen-, Dinkelschrot nicht so fein sein, ist es sinnvoll, einen Esslöffel voll mehr zu verwenden und die Aufkochzeit zu verdoppeln.

Die geschälte und fein gewürfelte Zwiebel wird nun samt der zerkleinerten Knoblauchzehe in etwas Butter gedünstet. Werden die Zwiebelwürfelchen langsam bräunlich, kann man die tropfnassen Meldeblätter zugeben. Zugedeckt sollte der „Spinat", nachdem er mit Meersalz, Pfeffer und Muskatnuss gewürzt wurde, etwa 5 Min. dünsten.

Während dieser Zeit kann der Kohlrabi geschält und grob geraspelt und die Pellkartoffeln geschält werden.

Sind die Meldeblätter zusammengefallen, werden die Pellkartoffelscheiben in eine bebutterte Auflaufform geschichtet. Darüber kommen nun die Kohlrabispäne, die mit dem Zitronensaft vermengt wurden. Zum Schluss wird der Meldespinat eingefüllt. Darüber kommt die Weizenschrotmilch, die mit dem gedarrten Sesam verrührt wurde. Den Abschluss bildet der geriebene Käse.

Bei 180 °C 10–20 Min. überbacken.

Melde-Kartoffel-Auflauf

Meldeblätter gründlich waschen und tropfnass in einen Topf geben, bei mittlerer Hitze zusammenfallen lassen. Zwiebeln und Knoblauch schälen, gemeinsam mit dem Räuchertofu fein würfeln und in der Butter schwenken, eventuell leicht salzen.

In der Zwischenzeit wird der Spinat mit der süßen Sahne und dem gebräunten Zwiebel-Knoblauch-Räuchertofu-Gemisch verrührt und abgeschmeckt.

Die Kartoffeln werden gewaschen, geschält und in feine Scheiben geschnitten. Danach werden sie in eine befettete Auflaufform, am besten dachziegelartig, geschichtet. Darüber wird die Melde-Spinat-Masse gegeben. Der geriebene aromatische Käse bildet den Abschluss.

Im vorgeheizten Backofen bei 180 °C etwa 60 Min. backen.

10–15 mittelgroße Kartoffeln
300 g Spinat
250 g Räuchertofu
2 Zwiebeln
2 Knoblauchzehen
1 EL Butter
1 Tasse süße Sahne
Meersalz
Pfeffer aus der Mühle
Muskatnuss
100 g aromatischer Käse zum Überbacken
2 Eier

Überbackene Melde-Tomaten

Die Tomaten werden kurz überbrüht und gehäutet, dann werden sie ausgehöhlt.

Die Meldeblätter gründlich waschen und tropfnass in Olivenöl zusammen mit der fein gewürfelten Knoblauchzehe schmoren. Je nach Geschmack kann die Masse auch passiert werden. Gewürzt wird der Meldespinat mit Salz, Pfeffer und einer Prise Muskatnuss. Zum Verfeinern kann ein Schuss süßer Sahne beigemengt werden, dann sollte der Meldespinat allerdings zuvor ein wenig ausgedrückt werden.

Die Masse wird in die ausgehöhlten Tomaten gefüllt. Außerdem wird in jede Tomate noch ein Stück Räuchertofu gedrückt.

Der Käse wird gerieben und mit den Bröseln oder dem Okara vermengt über die Tomaten gegeben, die in einer feuerfesten Form bei 200 °C etwa 20 Min. überbacken werden.

Übrigens: Nicht vergessen sollte der „Riesenspinatbaum" (Chenopodium giganteum) werden. Diese Pflanze macht ihrem Namen alle Ehre und wächst baumgleich. Das Blattmehl der handtellergroßen Blätter ist von ungewöhnlicher violetter Färbung. Im Mittelalter nutzten die Damen dieses Blattmehl kosmetisch als „Rouge". Die Pflanze wird ähnlich der Melde verwendet. Der Samenbau fürs kommende Jahr ist relativ unproblematisch, da der Riesenspinatbaum schon im ersten Standjahr eindrucksvoll viele Samen bildet, die kühl, dunkel und trocken gut überwintert werden können.

8 mittelgroße Fleischtomaten
500 g Meldeblätter
etwa 200 g Räuchertofu
kaltgepresstes Olivenöl
Knoblauch
eventuell etwas süße Sahne
Meersalz
Pfeffer
Muskatnuss
Okara oder Vollkornsemmelbrösel
Käse zum Überbacken

Gefüllter Melde-Pfannkuchen, überbacken

150 g Meldeblätter, blanchiert und grob gehackt
150 g Dinkelvollkornmehl
Meersalz
1 Prise Muskatnuss
1 Tasse Milch (Sojamilch)
2 Eier
1 Tasse süße Sahne
ungehärtetes Kokos- oder Palmfett zum Ausbacken

Füllung
200 g junge Erbsen, ausgepult und in etwas Salzwasser gegart
4 EL Dinkelvollkornmehl
1 EL Butter
1 Tasse süße Sahne
1 Knoblauchzehe
Petersilie
Zitronensaft
Salz und Pfeffer

Zum Überbacken
aromatischer Käse
ein paar Butterflocken

Der Meldespinat wird nach dem Blanchieren in ein Sieb zum Abtropfen gegeben. In der Zwischenzeit wird aus Dinkelvollkornmehl, Meersalz, Eiern und Milch ein glatter Teig gerührt. Die Sahne schlagen und zum Schluss vorsichtig unterheben. Ist das Fett in der Pfanne heiß, wird der Meldespinat schließlich unter die Pfannkuchenmasse gehoben und es werden dünne Pfannkuchen herausgebacken.

Für die Fülle aus der Butter und dem Dinkelvollkornmehl eine helle Mehlschwitze (Einbrenne) bereiten. Dort hinein werden die garen Erbsen samt Garwasser mit der süßen Sahne gegeben. Natürlich kann anstelle der Erbsen auch anderes Gemüse verwendet werden! Gewürzt wird mit Salz und Pfeffer, eventuell etwas Knoblauch. Zum Verfeinern wird fein gehackte Petersilie verwendet, abgeschmeckt wird mit einem Spritzer Zitronensaft.

Einen gehäuften Esslöffel Füllung schließlich auf jeden Pfannkuchen verteilen und diesen zusammengerollt in eine bebutterte Auflaufform legen.

Zum Schluss etwas aromatischen Käse und ein paar Butterflocken über den Pfannkuchen verteilen.

Bei 200 °C etwa 15 Min. überbacken.

» Mein spezieller Tipp

Meldepfannkuchen als „Torte".

Hierzu setzen Sie die Pfannkuchen übereinander und füllen jeweils einen gehäuften Esslöffel der Füllmasse dazwischen. Den Abschluss sollte ein Pfannkuchen bilden.

In appetitliche Stücke zerteilt und mit einem frischen Salat serviert, schmeckt diese „Melde-Torte" vorzüglich.

Guter Heinrich
(Chenopodium bonus-henricus)

Herkunft, Bedeutung, Geschichte

Der Gute Heinrich, der in Europa heimisch ist, gehört zu den sehr alten Kulturpflanzen. Auch zählt(e) er zu den typischen dörflichen Ruderalpflanzen (Schuttplatzflora). Früher wurde er in unseren Breiten als Spinat- und Salatpflanze angebaut.

Die zarten Sprosse können bereits Anfang April als Spargelersatz gegessen werden. Aus den Blättern wird Salat oder Spinat zubereitet. Übrigens wurde früher aus den gerösteten Samen auch eine Art Kaffee bereitet; die Betonung liegt hier auf: „eine Art Kaffee", der auch sicher nur wie eine Art Kaffee schmeckte, oder sie wurden vermahlen und zum Brotbacken verwendet.

Nur in England wird die Pflanze noch heute in geringem Umfang angebaut.

Die Vorzüge liegen auch bei dieser Pflanze auf der Hand: Der Gute Heinrich ist vital, besitzt einen hohen Nährstoffgehalt und kann über mehrere Jahre hinweg genutzt werden. Außerdem samt er sich selbst aus. Auch alte Pflanzen sind problemlos teilbar.

Kann über mehrere Jahre genutzt werden

Der Gute Heinrich ist, nebenbei bemerkt, eine recht dekorative Pflanze, die Blätter strahlen eine gewisse Eleganz aus, auch wenn sie eine unleugbare Ähnlichkeit mit bestimmten Geflügelfüßen haben, nämlich denen des Wassergeflügels. Dieser typischen Form verdankt der Gute Heinrich auch seinen Namen. Heinrich ist ein Koboldname und Kobolde haben, wie wir sicher alle wissen, Gänsefüße!

Zarte, junge Blätter für Spinat oder als Salat

Blütenstand des Guten Heinrich

Gesundheitlicher Wert

Dank des hohen Nährstoffgehaltes unterstützt er die Funktionstüchtigkeit des Organismus.
Man sagt ihm eine entschlackende Wirkung nach!

Inhaltsstoffe

Der Gute Heinrich enthält nennenswerte Mengen an Mineralien, Vitaminen, Eisen

Kultur

Ansprüche an Klima und Boden Relativ anspruchslos, ein guter humoser Boden ist jedoch von Vorteil. Die Pflanze ist winterhart.

Standort Sonnig

Aussaattermin Eine Frühjahrs- und Herbstaussaat ist möglich. Auch können vorgezogene Pflanzen im Frühjahr in ein gut vorbereitetes Saatbeet ausgepflanzt werden.

Keimdauer Unter günstigen Bedingungen etwa 8 Tage

Pflanzabstand 50 x 50 cm

Pflege Vor Verunkrautung und Schneckenfraß schützen. Nicht vor dem zweiten Jahr beernten!

TIPP: Die kleine Knolle schmeckt am besten, wenn sie wenigstens einmal kräftigen Frost bekommen hat.

Ernte Die jungen zarten Blätter können ab dem zweiten Jahr geerntet und verwendet werden. Sollen sich Samen entwickeln, dürfen nicht alle Schösslinge entfernt werden!

Samengewinnung

Samt sich selbst aus. Jungpflanzen können im Frühjahr versetzt werden, aber dabei darauf achten, dass die lange Pfahlwurzel nicht abgebrochen wird. Der Wurzelstock älterer Stauden ist teilbar.
Eine vollständige Samenreife ist an der Braunfärbung erkennbar. Dann fällt allerdings der Samen in der Regel schon bei der geringsten Bewegung aus. Am besten die komplette Samenrispe vorsichtig in Küchenpapier einwickeln und den Samen auf einer geraden Arbeitsplatte ausschlagen. Die Samen danach an einem gewünschten Ort ausbringen.

In der Küche

Die Blätter des Guten Heinrichs können wie Spinat oder Salat zubereitet werden. Die jungen Schösslinge können schon im April gleich dem Spargel verwendet werden. Reife Samen können geröstet und vermahlen, ähnlich dem kaffeeartigen Getränk, verarbeitet werden, oder sie werden getrocknet vermahlen und zum Brotbacken verwendet.

Schösslinge wie Spargel verwendbar

TIPP: Besonders zarte Schösslinge, die bis in den Juni hinein geerntet werden können, erhält man durch Anhäufeln oder eine Bedeckung mit schwarzer Folie. Das Bleichen funktioniert auch, wenn ein schwarzer Eimer über die Pflanze gestülpt wird.

Die Blätter sollte man erst ab dem zweiten Jahr ernten

Rezepte

Herzhafte Gute-Heinrich-Waffeln

2 Handvoll Blätter vom Guten Heinrich, sehr fein geschnitten
1 rote Paprikaschote, fein gehackt
1 kleine Zwiebel, fein gehackt
1 Knoblauchzehe, ausgepresst
1/8 l Gemüsebrühe
150 g Butter
4 Eier
250 g Dinkelvollkornmehl
1 TL Backpulver
Meersalz
Pfeffer

In einer Schüssel die Butter mit den Eiern schaumig schlagen. Das Mehl mit dem Backpulver und etwas Salz vermischen, zur Eiermasse geben und verrühren. Dabei wird soviel Gemüsebrühe zugegeben, bis ein glatter, leicht fließender Teig entsteht. Zum Schluss Guten Heinrich, Paprika, Zwiebel und gepressten Knoblauch zum Waffelteig geben. Der Teig sollte für 30 Min. im Kühlschrank ruhen.

Im aufgeheizten, eventuell eingefetteten Waffeleisen ausbacken.

Dazu schmeckt ein gemischter Salat.

» Mein spezieller Tipp

Die jungen zarten Blätter des Guten Heinrich schmecken auch in einem rohen gemischten Salat außerordentlich gut! Vorher jedoch das anhaftende Blattmehl durch kräftiges Waschen gründlich entfernen!

Ältere Blätter lassen sich sehr gut als markante Dekoration in Blumengebinden verwenden!

Guter Heinrich-Kartoffelrolle

300 g Kartoffeln
300 g Topinambur
500 g Guter Heinrich,
250 g Dinkelvollkornmehl
4 Eier
300 g Okara-Champignon-Pastete
2 EL Butter
1/4 l Wasser
Meersalz
Pfeffer aus der Mühle
Muskatnuss
etwas zerlassene Butter

Pellkartoffeln bereiten, Topinambur schälen und in einem anderen Topf garen. Den Guten Heinrich waschen.

Für den Brandteig (keine Angst davor, die Zubereitung ist viel einfacher als vielfach angenommen) das Wasser in einem Topf zum Kochen bringen, salzen und die Butter zufügen. Ist die Butter zerlaufen, wird das Mehl in das kochende Wasser geschüttet – bitte einen Schneebesen bereithalten, um das Mehl glatt einzurühren. Bei mäßiger Wärmezufuhr wird die Masse (Brandteig) langsam gekocht, während sie mit einem Holzlöffel ständig gerührt wird. Sobald sich ein fester Kloß vom Topfboden löst, auf dem sich ein weißer Film gebildet hat, ist der Brandteig fertig und kann vom Herd genommen werden. Nach sehr kurzem Abkühlen ein Ei hinzufügen und sofort kräftig verrühren. Erst wenn dieses vollkommen von der Masse aufgenommen wurde, werden die restlichen Eier untergezogen und verrührt, bis ein glatter Teig entstanden ist.

Die Pellkartoffeln werden zusammen mit der Topinambur heiß durch eine Kartoffelpresse gedrückt oder mit einem Kartoffelstampfer zu Brei verarbeitet, mit Salz und Muskatnuss gewürzt und unter die Brandteigmasse geknetet.

Nun wird ein sauberes Geschirrtuch mit reichlich Mehl bestäubt. Darauf wird der Teig gegeben und nach dem Bestäuben mit reichlich Mehl zu einem Rechteck von etwa 1,5 cm Stärke ausgerollt.

Anschließend in einer Pfanne etwas Butter zerlassen und darin die gewürfelte Okara-Pastete kräftig anbraten. Sobald sie gebräunt ist, den tropfnassen Guten Heinrich hinzufügen und schwach salzen. Ist die Blattmasse etwas zusammengefallen, das Gemüse gleichmäßig auf der Brandteig-Kartoffelmasse verteilen und mit Pfeffer aus der Mühle würzen.

Mit Hilfe des Handtuchs die Masse aufrollen und auf ein mit Backpapier ausgelegtes Herdblech heben.

Im vorgeheizten Backofen bei 200 °C 1 Stde backen. Noch heiß mit zerlassener Butter bepinseln.

Hierzu passt ein knackiger Salat sehr gut!

Die Kartoffelrolle kann auch mit Käse überbacken werden. Dafür sollte die Rolle etwa 10 Min. vor dem Ende der Backzeit kurz aus dem Herd genommen und mit einem frisch geraspelten, aromatischen Käse bestreut werden.

» Mein spezieller Tipp

Anstelle der Topinambur kann die Masse auch nur aus Kartoffeln bereitet werden. Allerdings genügen dann 400 g Pellkartoffeln. Verfeinern Sie den Kartoffelbrei durch kleine knusprig ausgelassene magere Speckwürfel (ohne das ausgelassene Fett!) und/oder knusprig gebräunte Semmelwürfelchen!

Gemüsekuchen mit Gutem Heinrich

Teig

150 g Dinkelvollkornmehl
75 g Butter
2 Eier
4–5 EL kaltes Wasser
Salz

Belag

1 mittelgroße Pastinake
1 mittelgroße Mairübe
1 Zucchini in Scheiben
1 EL Butter
1 Zwiebel
100 g Guter Heinrich
200 g aromatischer Käse

Decke

3 Eier
Meersalz
Pfeffer
1/2 EL Rohrzucker
3 EL Kürbiskernöl
1 Msp. Backpulver
frischer Dill

Das Mehl auf die Arbeitsplatte häufeln und in die Mitte eine Vertiefung drücken. Butter in kleine Stücke schneiden und auf das Mehl setzen. Die Eier trennen und das Eigelb in die Vertiefung gleiten lassen. Das Eiweiß für andere Speisen, z. B. Nachtisch, verwenden. Wasser und etwas Salz dazugeben und alles rasch zu einem glatten Teig verkneten. Diesen Teig kühl stellen und etwa eine 1/2 Stunde ruhen lassen.

Übrigens: Durch Teig verschmutzte Hände lassen sich gut mit Mehl reinigen! Hierfür einfach während des Knetens die Hände mit Mehl bestäuben und Ei- und Teigreste mit dem Mehl abrubbeln!

In der Zwischenzeit werden die Pastinake und die Mairübe vorbereitet. Die Pastinake mit der Gemüsebürste schrubben, die Mairübe dünn schälen und beide Gemüse fein würfeln. Die Zucchini nach dem Waschen in Scheiben schneiden. In einem Topf die Butter erhitzen und die fein gewürfelte Zwiebel samt den Pastinakenwürfeln darin bräunen. Sobald der Topfinhalt appetitlich braun ist, das restliche vorbereitete Gemüse tropfnass hinzufügen. Nach kurzer Garzeit kann mit Salz, Pfeffer und geriebener Muskatnuss sparsam gewürzt werden.

Den Teig dann dünn ausrollen und eine Springform damit auslegen. Es sollte ein etwas höherer Rand angedrückt werden, damit der Gemüsefond nicht auslaufen kann. Das Gemüse gleichmäßig auf dem Teig verteilen. Den Käse darüber hobeln.Im vorgeheizten Backofen bei 200 °C 15 Min. backen (eventuell etwas länger, bis der Käse geschmolzen ist).

Während dieser Zeit die restlichen Eier trennen, das Eiweiß zu Schnee schlagen, das Eigelb mit Rohrzucker, Salz, Muskatnuss und Öl gut vermischen. Den Eischnee und das Backpulver zur Eigelbmasse geben, den gründlich gewaschenen und trockengeschleuderten Dill fein gewiegt hinzufügen und alles zügig mit einem Schneebesen verrühren.

Sobald der Käse geschmolzen ist, wird die Eimasse über dem Gemüsekuchen verteilt und der Kuchen weitere 15 Min. gebacken.

Warm oder kalt servieren.

Übrigens: Kinder mögen diesen Kuchen gern mit Kochwürstchenscheiben, hierfür einfach einige Kochwürste in feine Scheiben zerteilen und auf den Teigboden legen!

» Mein spezieller Tipp

Eischnee gelingt besonders gut, wenn dem Eiweiß eine Prise Salz beigefügt wurde. Hingegen lässt es sich nicht zu Schnee schlagen, wenn auch nur ein Tröpfchen Eigelb zwischen das Eiweiß gerät! Ältere Blätter lassen sich sehr gut als markante Dekoration in Blumengebinden verwenden!

Guter Heinrich-Pastinaken-Salat

200 g Guter Heinrich, zart
2 mittelgroße Pastinaken
1 saurer Apfel
1 Knoblauchzehe
Saft von einer 1/2 Zitrone
2 EL Olivenöl
Thymian
Honig oder Ahornsirup
Meersalz
Petersilie

Die Blätter verlesen und von den Stielen zupfen, gründlich waschen und nach dem Trockenschleudern in feine Streifen schneiden. Pastinaken unter fließendem Wasser gründlich mit einer Gemüsebürste abbürsten, den Apfel waschen. Pastinaken und Apfel in eine Schüssel hobeln, sofort mit dem Zitronensaft beträufeln und die Blattstreifen des Guten Heinrich samt der gepressten Knoblauchzehe und dem Olivenöl darübergeben. Gewürzt wird mit etwas Meersalz und Thymian. Zum Schluss kommt die fein gewiegte Petersilie in den Salat, der nun gut vermischt wird.

Vor dem Servieren mindestens eine 1/2 Stunde im Kühlschrank durchziehen lassen!

Ähnliches Gemüse

Quinoa *(Chenopodium quinoa)*

Durch Zufall stieß ich auf dieses ungewöhnliche Getreide, das eigentlich gar kein Getreide ist; Quinoa gehört wie der „Gute Heinrich" zur Gattung der Gänsefußgewächse. Hierzulande ist die Pflanze geläufiger unter ihrer Bezeichnung: „Reismelde". In manchen Gärten ist sie in vielen Farbnuancen, von Grün bis Violett, zu sehen. Beeindruckend neben dem Farbspiel ist auch die stattliche Höhe, die die „Hochanden-Melde" erreichen kann: bis zu 2 m!

In Deutschland soll vor und während des Ersten Weltkrieges Quinoa angebaut worden sein, allerdings geriet es bald in Vergessenheit.
Zu Unrecht, denn die Körner haben einen angenehm nussigen Geschmack. Außerdem machen die Inhaltsstoffe es zu einem kleinen (im wahrsten Sinne des Wortes, da der Durchmesser etwa 1–2 mm beträgt), der Gesundheit äußerst zuträglichen „Kraftpaket".

Die Körner haben einen angenehmen nussigen Geschmack

Mit einem Prozentsatz von über 15 % an Rohprotein übertrifft das kleine Korn bei weitem Weizen, Gerste und Mais. Außerdem sollen sich in Quinoa alle wichtigen Aminosäuren, wie Lysin, Methionin, Cystin und Tryptophan, finden. Deshalb wird die biologische Wertigkeit höher eingestuft als bei den anderen Getreidesorten, ja sogar höher als die der Sojabohne. Ferner finden sich überwiegend ungesättigte Fettsäuren vor, unter denen die wichtige Linolsäure zu finden ist. Da in diesem kleinen Korn obendrein noch viel Eisen, Zink, Calcium und Magnesium neben verschiedenen Vitaminen der B-Gruppe und Vitamin E vorhanden sind, wird es für die menschliche Ernährung interessant. In diesem Zusammenhang soll auch erwähnt werden, dass die mild aromatischen Blätter

Quinoa, auch Reismelde genannt, ist ein gesundheitliches Kraftpaket

ebenfalls, sei es als Salat oder Spinat, verzehrt werden können. Auch dieser Verzehr ist sehr empfehlenswert, da auch die grünen Teile, verglichen mit den heimischen Blattgemüsearten, den höchsten Protein- und Mineralstoffgehalt aufweisen. Sie können, sobald die Pflanze eine stattliche Größe erreicht hat, diese laufend pflücken.

TIPP: Man braucht nur ein paar Samenkörner aus der im Handel angebotenen „Getreidetüte" der anspruchslos und üppig wachsenden Pflanze in die Erde zu streuen, um sich selbst ein Bild von ihrer Urwüchsigkeit machen zu können! Da die Reismelde überdies äußerst dekorativ ist, kann sie selbst im Blumenbeet ihren Platz finden.
Die Direktsaat ist ab Anfang bis Ende April ins Freiland möglich. Der Pflanzabstand sollte etwa 50 x 20 cm betragen.

Quinoa, bis 2 m hoch wachsend

Erdbeerspinat *(Chenopodium foliosum)*

Eine weitere, fast vergessene historische Kulturpflanze ist der Erdbeerspinat, der ebenfalls zur Familie der Gänsefußgewächse gehört. Beheimatet war diese Pflanze ursprünglich in Westasien und Südeuropa. Den Namen verdankt der Erdbeerspinat den kleinen roten, den Monatserdbeeren ähnlichen Früchten, die in den Blattachseln sitzen. Allerdings haben diese Beeren kaum Aroma, dafür aber haben sie zahlreiche kleine Kerne. Deshalb eignen sie sich weniger zum Verzehr, sind aber sehr dekorativ.
Die Pflanze an sich ist anspruchslos und kann schon im April in das vorbereitete Saatbeet gesät werden. Der Reihenabstand sollte 25 cm betragen. Die Pflanzen können vereinzelt und gut umgepflanzt werden. Erdbeerspinat wird etwa 30 cm hoch und hat ähnliche Blätter wie die Melde. Die jungen Blätter können laufend geerntet werden oder es können ganze Pflanzen im jungen Zustand abgeschnitten und zu Spinat verarbeitet werden.

Wegen der hübschen Beeren kann Erdbeerspinat auch im Ziergarten angebaut werden.

Die Beeren sind sehr dekorativ, aber weniger zum Verzehr geeignet

Einfacher Anbau, laufende Ernte, schnelle Verarbeitung und vielseitige Verwendung

Der Blütenstand des Mangolds entwickelt sich erst im 2. Standjahr

Mangold

(Beta vulgaris var. vulgaris/ flavescens)

Herkunft, Bedeutung, Geschichte

Mangold gehört auch zu den alten Kulturpflanzen. Es gibt zwei Varietäten: **Schnittmangold** *(Beta vulgaris* var. *vulgaris)* und **Rippenmangold** *(Beta vulgaris* var. *flavescens)*. Schon bei den alten Griechen, Römern und Ägyptern ergab die Meerstrandrübe ein geschätztes Gemüse. Familienmäßig gehört Mangold zu den Gänsefußgewächsen und ist ein naher Verwandter der Zucker- und Runkelrübe sowie der Roten Bete. Ursprünglich war die Pflanze im östlichen Mittelmeergebiet sowie in den Wüsten- und Steppengebieten Zentral- und Vorderasiens zu Hause. Mittlerweile hat sich ihr Anbaugebiet stark ausgedehnt.

Mangold wird in Frankreich, Italien und der Schweiz erwerbsmäßig kultiviert. Anders als in Deutschland, wo Mangold meist nur in den Hausgarten ausgesät wird, hat er in England eine größere Bedeutung als Spinat. Im ökologischen Landbau erlebt Mangold mittlerweile seine Renaissance; er ist neuerdings in jedem gut sortierten Naturkostladen erhältlich.

Die Vorzüge liegen auf der Hand: Der Anbau ist einfach, Mangold kann über einen längeren Zeitraum laufend relativ einfach beerntet werden, ist schnell zu verarbeiten, hat kaum Putzabfall und kann äußerst vielseitig zubereitet werden, obendrein ist er durch die optimale Zusammensetzung der Inhaltsstoffe sehr gesund.

Im Garten ist die frohwüchsige attraktive Pflanze eine Augenweide. Besonders das Farbspiel der „kolorierten" Sorten ist beeindruckend, allerdings verschwindet die Farbe beim Kochen. Es gibt grün-, weiß- und rotstielige Sorten, wobei die Stiele unterschiedlich breit sind.

Sehr vielseitig sind die Rippenmangoldsorten, bei denen Krautstiele und Blätter verschiedenartig zubereitet werden können.

Schnittmangold ist gegenüber niedrigen Temperaturen widerstandsfähiger als Rippenmangold.

Gesundheitlicher Wert

Dank der ausgewogenen Zusammensetzung (hoher Vitamin C-Gehalt) kann das Eisen sehr gut vom Organismus aufgenommen werden.

Das Gemüse soll die Fettverdauung unterstützen!

Inhaltsstoffe

Mangold enthält nennenswerte Mengen an Jod, Kalium, die Vitamine A, B1, B2 und C sowie Calcium, Asparagin und Eisen.

Kultur

Ansprüche an Klima und Boden

Mangold ist ein Mittelstarkzehrer und „kalihungrig". Er gedeiht gut auf humosen, tiefgründigen Böden.

Standort

Sonnig. Wegen seiner großen Blattmasse sollte er ausreichend mit Wasser versorgt werden.

Aussaattermin

Ab Mai ist eine Direktaussaat möglich. Bei vorgezogenen Pflanzen: Nicht zu früh ins Freiland bringen, denn niedrige Temperaturen im Jungpflanzenstadium erhöhen die Schoßgefahr!

TIPP: Mangold dünn säen! Das Saatgut besteht aus Samenknäueln, das bedeutet, dass aus jedem Saatkorn mehrere Pflänzchen sprießen.

Keimdauer

Unter günstigen Bedingungen etwa 10 Tage

Pflanzenabstand

30 x 40 cm

Pflege

Nicht zu stark düngen, da die Pflanze Nitrate speichert. Im Spätsommer kann sehr leicht ein Befall mit Echtem Mehltau auftreten, vor allem bei zu dichtem Bestand. Befallene Pflanzenteile sollten abgeschnitten und nicht auf dem Kompost entsorgt werden. Ein Besprühen des Blattwerks bei beginnendem Befall mit stark verdünnter frischer Milch (1 l Milch zu 10 l Wasser) könnte helfen. Auf nicht zu starke Verunkrautung achten!

Ernte

Sobald sich starke Pflanzen entwickelt haben, können die Blätter laufend geerntet werden. Auch beim Mangold darauf achten, dass das Herz nicht zerstört wird.
Die Blätter können ähnlich dem Rhabarber abgerissen oder aber mit einem scharfen Messer abgeschnitten werden.

Samengewinnung

Im Herbst ausgesuchte Mangoldpflanzen vor allzu starken Frösten durch Abdeckung mit Stroh oder Laub schützen. Mäusefraß verhindern!
Im Frühsommer treiben die ausschlagenden Pflanzen einen Blütenstängel.Oft blüht Mangold bereits auch im ersten Jahr! Diese Samen können für den Anbau im kommenden Jahr gut verwendet werden. Da bei starkem Wind der Blüten- oder Samentrieb – er kann eine Höhe von über einem Meter erreichen und stark verästeln! – abbrechen kann, empfiehlt es sich, ihn an einen in den Boden geschlagenen Holzstab zu binden.

Mangoldsamen

Übrigens: Der Saft gekochter Mangoldwurzeln soll gegen Ohrenschmerzen helfen. Nach erhöhtem Alkoholkonsum soll der Genuss die Leber entlasten, außerdem sollen durch den Verzehr dieses Gemüses die gefürchteten zellschädigenden freien Radikalen neutralisiert werden.

In der Küche

Mangold kann wie Spinat oder Salat zubereitet werden. Verwendet werden hierfür junge, nicht zu große Blätter; laufend beernten!
Die Stiele ergeben ebenfalls ein dem Spargel/Kohlrabi ähnliches Gemüse und können wie die vorgenannten Pflanzen verwendet werden.

Es gibt grün-, weiß- und rotstielige Sorten

Rezepte

Überbackene Mangoldwickel mit Buchweizen-Topinambur-Füllung

Die Blätter werden gründlich gereinigt, kurz blanchiert und danach zum Abtrocknen auf einer Arbeitsplatte ausgebreitet.

Der Buchweizen wird in der Sojamilch aufgekocht und zum Ausquellen zur Seite gestellt. Topinambur nach dem Raffeln mit dem Saft der Zitrone vermengen. Dann den Buchweizen mit Topinambur vermischen und mit den Gewürzen abschmecken.

Verfeinert kann die Füllung durch eine Zugabe von geraspeltem, aromatischem Käse sowie einem Esslöffel fein gewiegter Petersilie werden.

Für die Wickel werden etwa drei Blätter wechselseitig übereinandergesetzt. In die Mitte wird nun etwa eine Handvoll Buchweizen-Topinambur-Füllung gegeben. Dann die Wickel zusammenrollen. Darauf achten, dass die Ränder untergeschlagen werden, damit nichts von der Füllung heraustritt.

Die Wickel in eine bebutterte Auflaufform geben, wobei sie mit der „Naht" auf dem Boden der Auflaufform liegen sollten, und mit ein paar Butterflocken und etwas geraspeltem Käse bestreuen.

Im vorgeheizten Backofen bei 200 °C etwa 20 Min. backen.

Dazu passen ausgezeichnet gebackene Pellkartoffeln und beliebige Saucen.

12–15 mittelgroße Mangoldblätter ohne Stiele

150 g Buchweizen

200 g Topinambur, gereinigt und geraffelt

1 Tasse Sojamilch

1 EL Butter

Saft von einer ½ Zitrone

Meersalz

Muskat

Pfeffer

aromatischer Käse nach Bedarf

eventuell Petersilie

» Mein spezieller Tipp

Zur Verfeinerung kann in jeden Mangoldwickel ein Streifen Räucherseitan oder Räuchertofu gelegt werden.

Mangoldwickel mit Okara-Pilz-Füllung

12–15 mittelgroße Mangoldblätter ohne Stiele
150 g Okara
50 g Dinkelvollkornmehl
100 g frische Champignons
1 kleine Zwiebel
1 Knoblauchzehe
1 Tasse Milch
Meersalz
1 EL Butter
Schnittlauch

Die Blätter werden gründlich gereinigt, kurz blanchiert und danach zum Abtrocknen auf einer Arbeitsplatte ausgebreitet.

Die Champignons säubern, in feine Streifen schneiden und zusammen mit der fein gewürfelten Zwiebel sowie der zerkleinerten Knoblauchzehe in einer Pfanne scharf anbraten.

Aus dem Dinkelvollkornmehl und dem Okara unter Zugabe der Milch und der Gewürze einen aromatischen, geschmeidigen Teig bereiten, in den der Inhalt der Bratpfanne eingearbeitet wird. Aus der Masse etwa 4–5 Klößchen formen und diese in die vorbereiteten, wechselseitig übereinandergesetzten Blätter geben. Beim Zusammenrollen darauf achten, dass die Ränder nach innen eingeschlagen werden.

In einer bebutterten Auflaufform bei 200 °C etwa 30 Min. überbacken. Hierzu passt sehr gut Reis.

Mangoldstiele in Sahnesauce

10–15 Mangoldstiele
½ Tasse süße Sahne
¼ l Milch
½ Zitrone
2 EL Dinkelvollkornmehl
Meersalz
Muskatnuss

Die Stiele werden in appetitliche Stücke zerteilt und in etwas schwach gesalzenem Wasser kurz aufgekocht. Das Dinkelvollkornmehl wird in der Milch klumpfrei angerührt. Sind die Stiele bissfest, wird das Garwasser mit der Mehlmilch angedickt. Es muss noch einmal kurz aufkochen. Danach die Mangoldstiele vom Feuer nehmen, die süße Sahne hinzufügen, alles abschmecken und zum Schluss den Zitronensaft unterrühren.

Diese Sauce kann sehr gut zu den Mangoldwickeln, aber auch zu anderen Gerichten gereicht werden.

Besonders gut schmeckt sie zu Bratlingen und Pellkartoffeln.

Nebenbei: *Viel Käse, Sahne und Butter schlägt sich bei den (meisten) Menschen nur zu gern im Gewicht nieder. Andererseits schmeckt es aber (leider) oft erst richtig gut, wenn ein paar Kalorien mehr mit von der Partie sind. Da schwere körperliche Arbeiten glücklicherweise zumeist der Vergangenheit angehören, sollte „verhütet" werden, was sich bald am Körper abzeichnen könnte.*

Im Buch „Theatrum staticum universale" von Jacob Leopold, das 1726 in Leipzig erschien, ist ein „Verhüter" bzw. eine Verhütungsmethode beschrieben, die das Kalorienzählen überflüssig macht und ohne viel Aufwand auch nachgebaut werden könnte. Die Rede ist von der „Machina anthropometrica", die Maschine zum Messen des Menschen. Täglich sei, so der Anweisung Leopolds folgend, die Gewichtszunahme durch Essen und Trinken, aber auch die „unsichtbare Evaporation" (das Schwitzen) zu kontrol-

lieren. Speziell hierfür hatte der Feinmechaniker Leopold eine Waage konstruiert, die an der Zimmerdecke verankert wurde. Der Clou: Die Waagschale war ein Stuhl, ein Stuhl, der also an der Zimmerdecke hing.

War nun ein vorher eingestelltes Limit beim Essen und Trinken erreicht, rastete die Waagschale aus, krachte zu Boden und beendete jäh das Schlemmen.

Mangoldsalat

Die Blätter werden gründlich gereinigt, in kleine Stücke gezupft und in eine dekorative Glasschüssel gegeben. Hinzu kommen die Mandeln, die Pinienkerne, die zerkleinerten Knoblauchzehen, und, wer es feurig mag, die zerkleinerten Chilischoten, darunter wird der gewürfelte Salzlakenkäse gemischt.

Aus Olivenöl, Zitronensaft, Salz, Senf und dem Honig wird ein Dressing bereitet, das über den Salat gegossen wird.

Der Salat sollte vor dem Servieren noch eine ½ Stde im Kühlschrank durchziehen. Vor dem Auftragen wird mit den geviertelten Eiern und den gereinigten Blüten dekoriert.

Nebenbei: *Wer schon immer gern das Essen kostengünstig über einen Zeitraum von zwei bis drei Stunden warm halten und dabei auf die Mikrowelle verzichten wollte, dem sei zu einer billigen wie pfiffigen Methode geraten: Man nehme: ein Bett, ein großes Handtuch, eine Zeitung. Mehr bedarf es nicht! Um den heißen Topf wird die Zeitung geschlagen, um die dann das Handtuch gewickelt wird. So eingepackt „wandert" der Topf ins Bett und wird schön zugedeckt. Egal ob sich im Topf Suppe, Braten oder Kartoffeln befinden: Das Essen bleibt frisch, aromatisch und schön heiß, als ob es gerade vom Herd kommen würde.*

500 g ganz junge Mangoldblätter
1 EL Mandeln, geröstet
1 EL Pinienkerne
100 g Salzlakenkäse
4 Eier, hart gekocht
2 Knoblauchzehen, scharf angebraten
Olivenöl
1 Zitrone
Meersalz,
Honig oder ein anderes Süßungsmittel (Holundersirup),
1 EL Senf, mittelscharf
eventuell Chilischoten

Zum Garnieren
Borretschblüten
Gänseblümchenblüten
rote Wiesenkleeblüten
Schnittlauchblüten
Kapuzinerkresseblüten
Zucchiniblüten

Behaarte Hülsen der Sojabohne

Einfacher Anbau, 40 % Protein, 20 % Öl (2 % Lecithin), 34 % Kohlenhydrate laufende Ernte, schnelle Verarbeitung und vielseitige Verwendung

Sojabohne *(Glycine max.)*

Herkunft, Bedeutung, Geschichte

Nicht erst seit den entbehrungsreichen Jahren der Nachkriegszeit wissen die Menschen um die vielen Vorzüge der Sojabohne, die – Asien ist hier wohl Beispiel genug – nicht nur den Hunger vieler Menschen stillen, sondern sie auch wirklich mit allen lebensnotwendigen Stoffen versorgen kann, denn die Sojabohne nimmt unter den pflanzlichen Produkten in Bezug auf den Nährstoffgehalt für Mensch und Tier eine Sonderstellung ein. Sie enthält 40 % Protein, 20 % Öl – davon 2 % Lecithin – 34 % Kohlenhydrate und Ballaststoffe, daneben viele Mineralstoffe. Sie liefert die lebenswichtigen Eiweißstoffe (Aminosäuren) in einem nahezu idealen Mengenverhältnis.

Übrigens ist in Asien Soja, wie das Getreide bei uns, seit Jahrtausenden ein Grundnahrungsmittel. Mit Hilfe der Züchtung wuchs der Ertrag bei den Sojabohnen nicht nur ständig, es verbesserten sich auch ihre Standorteigenschaften und Resistenzen gegenüber Schadfaktoren, egal welcher Natur auch immer, so dass die Sojabohne mittlerweile auch in klimatisch eher ungünstigen Breiten angebaut werden kann und auch dementsprechend dort angebaut wird. Selbst unter für Soja schlechten klimatischen Bedingungen (kein Weinbauklima) gedeiht sie mittlerweile auf Klein- und Kleinstflächen im Selbstversorgeranbau. Allerdings kann es hin und wieder vorkommen, dass sie im Schnee geerntet, gebündelt und auf dem Dachboden nachgetrocknet werden muss, wie es mir auch von meinen österreichischen Freunden (600 m ü. dem Meeresspiegel), die in Selbstversorgung leben, berichtet wurde.

Ausgepulte Sojabohnen

Dieser Aufwand lohnt tatsächlich nur für den Selbstversorger und für den kritischen Zeitgenossen, der wissen will, was er isst! Diesem und den vielen Skeptikern sei an dieser Stelle gesagt, dass in nahezu 30.000 Produkten Sojabohnenbestandteile versteckt sind und dass selbst Bioprodukte nicht vor genmanipulierten Bohnen sicher sind, da sich die Bohnen auf ihren langen Reisewegen hin und wieder ein wenig vermischen können. Der Mühe Lohn ist ein vielseitiges Nahrungsmittel, das sich obendrein auch noch relativ einfach verwahren lässt. Übrigens soll 1 kg entbitterte, gemahlene Soja 3,5 kg magerem Rindfleisch oder 6,5 l Vollmilch oder knapp 60 Hühnereiern entsprechen und enorm vielfältig in der Verwendung sein. Unter diesem Gesichtspunkt wuchs die Sojabohne weltweit zur wirtschaftlich bedeutendsten Ölpflanze; leider wird Soja immer noch als Ölpflanze und nicht als Eiweißlieferant gewertet! Doch auch im Agrarbereich konnte sich die Sojabohne etablieren: Ohne das wertvolle pflanzliche Sojaeiweiß wäre eine wirtschaftliche Tierproduktion, wie sie derzeit gehandhabt wird, nicht in diesem Umfang möglich gewesen (die billigere Alternative in diesem Wirtschaftszweig, das Fleischmehl, will ich ganz bewusst aussparen!). Um die Liste der Vorzüge der Sojabohne abzurunden, wäre vielleicht noch folgende Information interessant: ein regelmäßiger Sojakonsum soll Prostatakrebs vorbeugen, berichtet die Zeitschrift „Eulenspiegel", das Organ des Europäischen Instituts für Lebensmittel- und Ernährungswissenschaften.

Sojabohne kurz vor dem Abreifen

Gesundheitlicher Wert

Der Soja-Saft kann zur Rekonvaleszenz bei Magen- und Darmkatarrhen sowie als Nervennahrung in Stress-Situationen genommen werden.

Der Tee ist reich an Lecithin und soll ebenfalls in Stress-Situationen Abhilfe leisten.

Grüne Sojabohnen sollen einen etwa doppelt so hohen Nährwert wie grüne Erbsen haben.

Reife Sojabohnen versorgen den Körper optimal mit lebenswichtigen Aminosäuren.

Von hohem gesundheitlichen Wert

Inhaltsstoffe

Proteine, Lecithine, Kohlenhydrate, Mineralstoffe, Vitamine, Öl

Verwendung

Die Pflanze kann zu Tee oder Frischsaft verarbeitet werden, grüne Bohnen können ähnlich den uns geläufigeren Erbsen für Abwechslung auf dem Speisezettel sorgen, reife Bohnen kann man zu Ersatzprodukten von Kaffee, Kakao, Eiern, Fleisch, Nüssen und Mandeln verarbeiten.

In der Küche vielseitig verwendbar

Kultur

Ansprüche an Klima und Boden Ähnlich unserer Gartenbohne. Bevorzugt werden kalkreiche lockere Böden.
Keinerlei Frischdüngung!

Standort Sonnig

Aussaattermin In günstigen Lagen ohne späte Nachtfröste Ende April, ansonsten Anfang Mai, in schlechteren Lagen frühreife Sorten unter 100 Kulturtagen verwenden.

TIPP: In ungünstigen Lagen kann durch das Abdecken der Sojabohnen-Beetfläche mit einer handelsüblichen Folie der Aussaattermin ebenfalls in den April hinein verlegt werden! Allerdings muss sich der Erdboden ausreichend erwärmt haben, da die Bohnen sonst sehr unterschiedlich auflaufen und kränkeln können.

Keimdauer Ca. 2–3 Wochen, je nach Temperatur

Pflanzabstand 30 x 5–8 cm

TIPP: In Kornhäusern und Mühlen gibt es ein Bakteriensubstrat, das unter das Saatgut gemischt werden kann, um den Eiweißgehalt der Pflanzen positiv zu beeinflussen. Hierfür wird das Substrat kurz vor der Aussaat unter das leicht angefeuchtete Saatgut gemischt. Nicht in der prallen Sonne mit dem vorbereiteten Saatgut hantieren: Sonnenlicht zerstört die Bakterien!

Pflege Auf Verunkrautung achten, manuell pflegen, Pflanzen dabei nicht verletzen. Gekräuselte Blätter können auf eine Virusinfektion, die von Unkräutern übertragen werden kann, hinweisen (bitte nicht mit durch Insektenbefall veränderten Blättern verwechseln), sie sollten entfernt werden.

Ernte Die Ernte ist vom gewünschten „Produkt“ abhängig. Reife Bohnen sollten nach dem Blattabwurf geerntet und nötigenfalls im Backofen vorsichtig nachgetrocknet werden. Aus ihnen lassen sich absolut verführerische Gerichte bereiten.
Für Tee oder Saft: während der Blüte.
Grüne Sojabohnen: während der Reifezeit.

Samengewinnung

Von ertragreichen gesunden Pflanzen sollten die Bohnen für die kommende Aussaat separat aufbewahrt werden. Hierfür die Bohnen erst ernten, wenn sie trocken und bräunlich sind. Die ganzen Pflanzen können gut über dem Erdboden mit einem scharfen Messer abgeschnitten und zum Nachtrocknen an einem trockenen und luftigen Platz verwahrt werden.

TIPP: Gerade Bohnensamen lassen sich einfach gewinnen. Ich benutze hierfür einen Baumwollbeutel – bei einer größeren Ernte ein Kopfkissen. Die trockenen Bohnenhülsen gebe ich in den Beutel, trockne den Inhalt an einem warmen Ort (Küche) noch nach, und wenn die Hülsen rascheln, lege ich den Beutel auf den Boden und trete die Hülsen entzwei. Durch das unterschiedliche Gewicht trennen sich beim Ausbreiten schon die Hülsen von den Bohnen.

Werden die Bohnen als Saatgut verwendet, stören eventuelle Hülsenreste nicht. Sollen die Bohnen hingegen in der Küche Verwendung finden, gebe ich sie in einen Topf und gieße Wasser darüber, worauf die Hülsenreste nach oben treiben und ganz leicht abgegossen werden können.

Verschiedene Sojabohnensorten

In der Küche

Relativ lange Garzeit

Kaum eine Leguminose ist so vielseitig zu verwenden wie die eher geschmacksneutrale Sojabohne. Diesem Vorteil steht allerdings eine relativ lange Garzeit gegenüber.

Isoflavon wirkt gegen Osteoporose

Übrigens: Die kleine Bohne liefert vor allem Isoflavon – eine Verbindung von Substanzen, die im menschlichen Körper eine milde hormonähnliche Wirkung erzielen. Dadurch können das Krebsrisiko gesenkt und Wechselbeschwerden sowie Osteoporose und koronare Herzkrankheiten günstig beeinflusst werden. Isoflavonen wird überdies auch eine positive Beeinflussung der Haut sowie eine Verlangsamung der Alterungsprozesse nachgesagt. Dies soll vor allem bei Frauen jenseits der Wechseljahre, die häufig mit trockener Haut zu kämpfen haben, zum Tragen kommen.

Rezepte

Grundrezept Tee (fermentiert)

Sojapflanzen in der Blüte

Die blühenden Pflanzen werden recht früh am Morgen (die Feuchtigkeit des Taus ist für die Fermentation wichtig!) sauber über dem Erdboden abgeschnitten. Nach dem Auslesen der schadhaften Blätter (Pilz- oder Ungezieferbefall) werden die Pflanzen zerkleinert. Etwa 1–2 cm lange Stücke sind ausreichend. Danach werden alle Grünteile mit einem Nudelholz auf einer Holzplatte (Tischplatte oder Arbeitsplatte) tüchtig durchgewalkt, bis sie sich deutlich dunkler färben. Anschließend werden sie in einer handelsüblichen Haushaltsfolie fest eingerollt und mit einem wärmenden Tuch umwickelt. Danach wird der Tee zur Fermentation an einem sonnigen, warmen Ort gelagert. Nach etwa drei bis fünf Tagen ist der Vorgang abgeschlossen. Das Ergebnis weist einen leicht säuerlichen, aber nicht unangenehmen Geruch auf. An einem luftigen, schattigen Ort kann der Tee trocknen. Es empfiehlt sich ein mehrmaliges Wenden, damit sich keine Schimmelnester bilden und der Tee gleichmäßig trocknet. Im mäßig warmen Backofen kann der Tee ebenfalls getrocknet werden. Dabei ist jedoch darauf zu achten, dass sich nicht eine zu große Hitze entwickelt, da der Tee sonst verderben würde.

Gelagert wird in luftundurchlässigen Behältnissen.

» Mein spezieller Tipp

Fermentierter Tee kann sehr gut auch im Backofen bei etwa 150 °C getrocknet werden. Dabei entwickelt sich ein ausgezeichneter schokoladenähnlicher Geschmack.

Grundrezept Tee (getrocknet)

Blühende Sojapflanzen

Wie bereits im Grundrezept Tee (fermentiert) beschrieben. Allerdings werden die Pflanzen nach der Ernte gebündelt und in kleinen Sträußchen zum Trocknen an einem luftigen, schattigen Ort aufgehängt.

Sobald die Stängel vollkommen trocken sind, wird dieser Tee ebenfalls in luftdichten Behältnissen aufbewahrt.

Auch hier kann der Backofen gute Dienste leisten, allerdings schmeckt das so getrocknete Resultat nicht so intensiv wie der fermentierte Tee.

Grundrezept Kaffee (Kinako)

Kaffeegenuss ohne Koffein!

Reife Sojabohnen
Wasser

Nichts ist einfacher, als Kinako im Haushalt selbst herzustellen!

Ich habe zwei Varianten ausprobiert und zwei unterschiedliche Ergebnisse erzielt.

Variante A

Sojabohnen einweichen, das Wasser wie gewohnt nach 15 Min. abgießen, dann die Bohnen in ein wenig Wasser kochen, bis sie relativ weich sind. Wenn ohnehin „Sojabohnenkochen" angesagt ist, empfiehlt es sich, ein paar mehr aufzusetzen, dann lohnt der Aufwand. Die oberen, etwas trockeneren Bohnen können dann im Backofen geröstet werden, während der Rest anderweitig und im folgenden Rezeptteil näher erläutert für andere Verwendungsmöglichkeiten eingesetzt werden kann. Bei etwa 200 °C die Bohnen auf einem sauberen Backblech rösten und dabei öfter wenden, damit sie sich gleichmäßig kaffeebohnenbraun färben. Verbrennen lassen sollte man sie nicht, sonst wird das Resultat ungenießbar bitter!

Nach dem Mahlen in einer handelsüblichen Kaffeemühle kann dieses Pulver direkt mit kochendem Wasser übergossen werden. Allerdings versagt der Kaffeeautomat hier seinen Dienst, da sich die Poren der Filtertüten ganz schnell mit dem Pulver verstopfen.

Selbst der Versuch, diesen „Kaffee" in einem Teenetz zu brühen, gelingt nicht.

Geröstete und gemahlene Sojabohnen

Sojabohnen vor und nach dem Rösten

» Mein spezieller Tipp

Probieren Sie ruhig einmal eine Tasse Kinako „türkisch"! Und der nichts wegwerfen mag, was noch irgendwie verwendet werden könnte, dem sei der „Kaffeesatz" ans Herz gelegt! Getrocknet, erinnert er im Geschmack an Nüsse und kann – vermengt mit Honig – noch einen respektablen süßen Brotaufstrich oder eine wichtige Ingredienz in einem frischen, duftigen „Nusskuchen" ergeben.

Geröstete Sojabohnen

Variante B

Auch bei dieser Methode werden die Sojabohnen für eine ¼ Stde in kaltem Wasser angesetzt. Danach wird das Wasser abgegossen. Die Bohnen werden in ein Sieb gegeben, um ein wenig abzutropfen. Dann kommen sie zum Rösten bei 200 °C auf ein nicht befettetes Backblech.

Damit diese Bohnen ebenfalls gleichmäßig bräunen, müssen sie ebenfalls öfter gewendet werden. In einer Kaffeemühle lassen sich die Bohnen problemlos mahlen.

Das Resultat riecht kräftiger und die Farbe des Getränkes ist voller. Allerdings funktioniert dieser Kaffeespaß nicht im Kaffeeautomat, so dass dieses Pulver für etwa 5 Min. im Wasser gekocht werden muss!

Trotzdem lohnt sich der Aufwand allemal! Das Ergebnis ist ein verblüffend aromatisches Getränk, das durch einen Schuss Milch oder Sahne gekrönt wird.

Grundrezept Sojamilch (1 l)

100 g Sojabohnen
1 ½ l Wasser

Die Sojabohnen werden kurz unter Leitungswasser abgespült, in einen Topf gegeben und für eine ¼ Stunde zur Entbitterung mit etwa einem ½ l Leitungswasser versetzt (die Bohnen müssen unbedingt bedeckt sein). Danach wird das Wasser abgegossen. Nun werden die Bohnen abermals für etwa 12 Stunden mit etwa 1 l Leitungswasser, das komplett über den Bohnen stehen muss, versetzt. Da die Bohnen in dieser Zeit ihr Volumen verdoppeln, sollte darauf geachtet werden, dass das Wasser reichlich übersteht, nötigenfalls etwas mehr nehmen.

Nach Ablauf der 12 Stunden wird die Hälfte des Sojabohnen-Wassers abgegossen und in einem Topf zum Kochen gebracht. Im verbleibenden Rest werden die Bohnen fein zerkleinert (Passierstab, Küchenmaschine) und anschließend in das im Topf kochende Sojabohnen-Wasser gegeben. Nun wird der recht flüssige Brei etwa 5 Minuten unter ständigem Rühren geköchelt. Im Anschluss wird durch ein Baumwolltuch durchgeseiht. Nach dem Abseihen den Brei abermals mit etwas Wasser versetzen, kurz aufkochen, abgießen und schließlich gut ausdrücken.

Die Milch, die nur eine geringe Haltbarkeit hat (max. 24 Stunden), sollte rasch im Wasserbad gekühlt und im Kühlschrank aufbewahrt werden!

» Mein spezieller Tipp

Sojamilch brennt ungemein gern am Topfboden an.
Daher unbedingt darauf achten, dass das Wasser kocht, ehe der feine Sojabrei zugefügt wird, und ständig rühren!

Zudem entwickelt dieser Sojamilchbrei ein reges Eigenleben: er schäumt in nur einer unaufmerksamen Minute wie die Eruption eines Vulkans über den Topfrand hinweg. Das Ergebnis ist viel Reinigungsarbeit.
Die Pressrückstände (Okara) nicht wegwerfen! Aus ihnen lassen sich neben köstlichen Kuchen und Paniermischungen noch eine Vielzahl erwähnenswerter Speisen herstellen (z. B. Okara-Champignon-Pastete Seite 117)!

Grundrezept Tofu

Sojamilch

Gerinnungsmittel:
- **Zitronensaft**
- **Essig**
- **Nigari (Magnesiumchlorid)**
- **Shi-gao (Calciumsulfat)**

Die nach der obigen Anleitung hergestellte Sojamilch wird bis kurz vor dem Siedepunkt erhitzt und anschließend vom Herd genommen. Nun mit einem Schneebesen pro Liter Milch einen Teelöffel Zitronensaft/Essig oder ein anderes Gerinnungsmittel unterrühren. Innerhalb weniger Minuten flockt das Eiweiß aus und setzt sich auf dem Topfboden ab. Die grünliche Molke wird vorsichtig abgeschöpft.

Der Rest wird in ein gelochtes Behältnis (Margarinebecher oder ähnliches), das zuvor mit einem Stück Baumwollmull ausgelegt wurde, gefüllt und zum Abtropfen auf einen Rost gestellt.

Ist die Molke vollkommen abgelaufen, wird der Tofu in Eiswasser gegeben.

Er kann gleich verwendet werden wie der im Bioladen erworbene.

Übrigens: Nigari kann aber auch selbst hergestellt werden:
Aus der „Soja-Küche" von Alexander Nabben „Geben Sie 1–2 kg Meersalz mit 1–2 Tassen Wasser in einen Leinensack, den Sie über eine Schüssel hängen. Die abtropfende Flüssigkeit ist Nigari."

» Mein spezieller Tipp

Die „Molke" nicht wegschütten! Aus ihr lassen sich schmackhafte Grundfonds für nahrhafte Gemüsesuppen bereiten; bitte bedenken Sie dabei, dass auch die Molke sehr schnell säuert!

Leider ist die Ausbeute bei der Tofuherstellung, gleich der Seitanproduktion, gering. Da Tofu- wie Seitanprodukte (Weizengluten) meines Erachtens reine Luxus-Lebensmittel und somit Kinder einer Wohlstandsgesellschaft sind, bei denen aus dem Naturprodukt „Sojabohne" bzw. „Weizenkorn" lediglich Eiweiß oder Stärke gewonnen wird (der Rest wird in unseren Breiten zum Abfallprodukt und wird auch als solches behandelt!), sollten auch Verwendungsmöglichkeiten ganzer Bohnen aufgezeigt werden (beim Weizen sind sie mehr oder weniger gut bekannt!); vielleicht auch einmal als Anregung für unsere Tofuproduzenten, damit zukünftig nicht mehr der Löwenanteil der aufwendig produzierten, kostspieligen „Rohstoffe" in den Müll wandert!

Links: Tofu, gewürzt
Unten: Tofu, geräuchert
Rechts: Tofu

Dass gerade die Sojabohne, als ganze Bohne verwendet, geschmacklich einiges zu bieten hat, wird anhand der folgenden, allesamt erprobten und für absolut köstlich befundenen Rezepte dem letzten Zweifler klar werden.

Und dem der Anbau im Garten etwas zu beschwerlich sein sollte – gerade das Auspulen der reifen Sojabohnen stellt die Geduld des Selbstversorgers auf eine harte Probe –, der kann „seine" Sojabohne auch im Bioladen käuflich erwerben!

Sojabohnen-Salat

300 g Sojabohnen, reif und trocken
2 Zwiebeln
1–2 Zitronen
Meersalz
Ahornsirup/Birnendicksaft
Majoran
Pfeffer
Kräuter nach Geschmack (Petersilie, Dill, Borretsch, Taubnessel, Vogelmiere, Majoran)

Die Sojabohnen in ein Gefäß geben und mit frischem Leitungswasser versetzen. Es muss unbedingt überstehen! Nach einer ¼ Stunde das Wasser abgießen; die Entbitterung der Schale ist vollzogen, auch wird durch das Einweichen die Kochzeit verkürzt.

Nun werden die Bohnen abermals mit Leitungswasser versetzt und bei mäßiger Wärme etwa 1 Stunde geköchelt. Kochwasser nur nachfüllen, wenn es gänzlich verdampft ist und die Bohnen anzubrennen drohen. Während des Kochvorganges löst sich ein Großteil der harten Schalen; diese sollten hin und wieder entfernt werden.

In der Zwischenzeit wird aus den Gewürzen, den Kräutern, den geschälten und fein gewiegten Zwiebeln eine Marinade bereitet, die sehr aromatisch schmecken sollte.

Sind die Bohnen weich, werden sie in eine Glasschüssel gegeben. Nach dem Erkalten mit der Marinade versetzen und im Kühlschrank, am besten über Nacht, gut durchziehen lassen.

Sojabohnen-Puffer

Die Sojabohnen werden eine ¼ Stunde eingeweicht, danach wird das Einweichwasser abgegossen (ich gieße meine Zimmerpflanzen damit, die es mir durch ein ausgezeichnetes Wachstum danken!). Nun werden die Bohnen in möglichst wenig Wasser 1–2 Stunden weich gekocht. Nach dem Abkühlen wird aus den Bohnen, den Zwiebeln und dem Knoblauch mittels Küchenmaschine, Passierstab oder Flotter Lotte ein Mus bereitet, unter das zum Schluss Vollkornmehl, Eier, Gewürze und die fein gewiegte Petersilie gehoben werden.

Von der Masse mit einem Löffel appetitliche Portionen abstechen, die in heißem Fett bei mäßiger Hitze knusprig braun gebacken werden.
Hierzu passt ausgezeichnet ein frischer bunter Salat.

300 g Sojabohnen
1–2 Zwiebeln
4 Eier
Knoblauch nach Geschmack
2 EL Vollkornmehl
Meersalz
Pfeffer
Majoran
Petersilie

Sojabohnen-Pastinaken-Bratling

200 g Sojabohnen, püriert
1 Zwiebel
1–2 mittelgroße Pastinaken, geraspelt
3 Eier
Meersalz
Pfeffer
3 EL Vollkornmehl
Schnittlauch

Das Sojabohnenpüree wird wie im Rezept oben zubereitet. Die Zwiebel schälen und mit den gründlich gereinigten Pastinaken in eine Schüssel raspeln. Danach alle anderen Zutaten zufügen und zu einer Masse verarbeiten und kräftig abschmecken. Daraus Bratlinge formen und in heißem Olivenöl bei mäßiger Hitze knusprig braun braten.

Sojabohnen-Eier-Kuchen (1 Herdblech)

1 kg Sojabohnenrückstände aus der Milchgewinnung, fein passiert, gut ausgepresst
4–5 Eier
200 g Butter
200 g Mandeln, gemahlen
4 EL Dinkelmehl
250 g Vollrohrzucker,
5 EL Haferflocken
2 EL Kokosraspeln
1 Pck. Backpulver

Zuerst die Butter mit dem Zucker verrühren, dann die Eier zugeben und diese Masse aufschlagen. Die übrigen Zutaten hinzufügen, wobei das Backpulver zum Schluss beigemengt wird. Mit den Knethaken der Küchenmaschine die Masse gut durcharbeiten, dass ein feuchter Knetteig entsteht, der auf ein befettetes und bestäubtes Backblech gestrichen wird.

Im vorgeheizten Backrohr bei 180 °C etwa 45 Min. backen, bis der Kuchen schön nussbraun ist.

Sojabohnenpüree

300 g Sojabohnen
etwa 1/8 l Milch
1 EL Butter
1–2 Zwiebeln
Meersalz
Petersilie

Die Sojabohnen eine ¼ Stunde einweichen, danach das Wasser abgießen. Dann werden die Bohnen mit etwas Wasser weich gekocht und anschließend in der Küchenmaschine oder mit dem Passierstab unter Zugabe der kochenden Milch püriert. In der Zwischenzeit die fein gewürfelten Zwiebeln in der Butter bräunen. Diese werden untergehoben und das Püree wird mit Salz abgeschmeckt. Vor dem Servieren die fein gewiegte Petersilie untermischen.

Das Püree ist ähnlich dem Kartoffelbrei eine vielseitige Beilage und kann genauso verwendet werden.

» Mein spezieller Tipp

Wegen der langen Kochzeit der Sojabohnen empfiehlt es sich immer, eine größere Menge zu garen und daraus noch andere Speisen zuzubereiten!

Okara-Champignon-Pastete

1 EL Grünkern
1 EL Reis
1 EL rote Linsen
100 g Champignons
100 g Dinkelvollkornmehl
250 g Okara
½ EL Butter
1 Tasse Milch
Meersalz
Knoblauch nach Geschmack
Pfeffer
Salbei
Liebstöckel
Lavendel
etwas Butter für die Form

Grünkern, Reis und Linsen in etwas Salzwasser bei mäßiger Wärmezufuhr garen und zum Abkühlen beiseite stellen. Die Champignons putzen, in feine Streifen schneiden, leicht salzen und in etwas Butter scharf anbraten. Das Dinkelvollkornmehl mit dem Okara vermengen und die abgekühlten Linsen, den Reis sowie den Grünkern und die Pilze samt den fein gewiegten Kräutern und dem Knoblauch aus der Presse dazugeben und mit Salz und Pfeffer abschmecken. Die Milch langsam einkneten, bis ein geschmeidiger Teig entsteht. Diesen zu einem Laib formen und in eine bebutterte Auflaufform geben. Die Pastete im vorgeheizten Backrohr bei 200 °C 30 Min. backen. Damit sie beim Backen nicht zu stark austrocknet, sollte sie mit einem Bogen Pergamentpapier oder Ähnlichem abgedeckt werden.

Dicke Bohne in der Blüte

Dicke Bohne/Puffbohne *(Vicia faba)*

Herkunft, Bedeutung, Geschichte

Wenn die Menschen einer Region den Namen einer Pflanze bekommen – in diesem speziellen Fall wurden die Menschen aus Erfurt scherzhaft „Puffboniter“ (Thüringisches Wörterbuch, Band IV) genannt oder man sagte „Puffbohne“ zu Frauen, wenn sie sich über die Stadtgrenze hinaus verehelicht hatten – , dann muss diese Pflanze im Leben dieser Menschen eine übergeordnete Rolle gespielt haben. Wenn man dann noch bedenkt, welch wunderbarer Duft so ein blühendes Feld Puffbohnen an lauen Sommerabenden verströmt, dann ist die Titulierung durchaus als Kompliment zu verstehen und keineswegs, wie heute gern überliefert, scherzhafter Natur. Leider hat man allerdings nicht allzu oft Gelegenheit, an einem Feld blühender Puffbohnen entlangzugehen, da sie aus dem Anbauplan der Landwirte und somit von den Äckern weitestgehend verschwunden sind. Lediglich im ökologischen Landbau wird dem Anbau mittlerweile mehr Beachtung geschenkt, da sie eine bedeutende Rolle im Fruchtwechsel spielen.

Zählt zu den ältesten kultivierten Hülsenfrüchten

Die Dicke Bohne, die übrigens botanisch nicht zu den Bohnen, sondern zu den Wicken zählt, gehört zu den ältesten kultivierten Hülsenfrüchten und kann eine Höhe von 1, 5 m erreichen. Bei Ausgrabungen in einer Siedlung in der Nähe von Nazareth wurden verkohlte Bohnenkerne gefunden, deren Alter ungefähr auf 6500 – 6000 Jahre v. Ch. datiert wurde. Bereits in der Bronzezeit wurden sie auch in Deutschland ange-

Grüne Hülsen der Dicken Bohne

baut. Obwohl die „Elternpflanzen" bereits ausgestorben sein sollen, lässt sich der Ursprung im Mittelmeergebiet und im Vorderen Orient vermuten.

Im Anbau ist die Dicke Bohne unproblematisch und kommt auch gut in kälteren Regionen zurecht, zumal sie überdies auch ein paar Grad Frost unbeschadet übersteht. Auch mit leicht salzigen Böden hat sie kaum Probleme, so dass sie früher einmal gern in Küstennähe angebaut wurde. Den Niedergang läutete im 17.–18. Jahrhundert die Gartenbohne ein, die ihren Weg aus Amerika in unsere Gärten fand.

Inhaltsstoffe

Neben einem hohen Gehalt an Eiweiß weisen Dicke Bohnen beträchtliche Werte an Phosphor, Magnesium, Kalium und Eisen auf. Vom Rohverzehr sollte jedoch abgesehen werden, da bei manchen Menschen allergische Reaktionen und Unverträglichkeiten auftreten können.

Hoher Eiweiß-, Phosphor-, Magnesium-, Kalium- und Eisengehalt

Gesundheitlicher Wert

Der hohe Gehalt an Kalium hat positive Auswirkungen auf Herz, Muskeln und Nerven. Herzrhythmusstörungen oder Herzmuskelschwäche können durch zu wenig Kalium entstehen. Auch ein Mangel an Magnesium hat negative, mitunter sehr schmerzhafte Auswirkungen auf den Körper, da bei Mangelerscheinungen häufig Muskelkrämpfe auftreten.

Übrigens: Menschen mit starker körperlicher Belastung benötigen mehr Mineralien als Menschen, die wenig Bewegung haben.

TIPP: Getrocknete Bohnenhülsen sollen nicht nur entwässernd wirken und somit Herz- und Nierenleiden positiv beeinflussen (saubere getrocknete Hülsen in Wasser kochen, Tee schluckweise trinken), sondern auch bei Warzen und Hühneraugen wirken, wenn die zerriebenen grünen Bohnenblätter mehrmals täglich frisch aufgelegt werden.

Abgereifte Hülsen

Kultur

Ansprüche an Klima und Boden

Relativ anspruchslos, solange der Boden nicht austrocknet. Da die Bohne Stickstoff assimilieren kann, bedarf sie keiner Düngung.
Nach der Ernte sollten die Wurzeln im Boden verbleiben!

Standort

Sonnig

Aussaattermin

In günstigen Lagen bereits ab Ende März (während starker Fröste zur Zeit der Eisheiligen oder starker Aprilnachtfröste durch Bedecken mit Stroh/Laub/Folien ein wenig schützen). Bis in den Juni ist ein Nachlegen an Ort und Stelle möglich, so dass sich die Ernte frischer Bohnen deutlich verlängern lässt.

Keimdauer

Je nach Witterung, etwa 2 Wochen

Pflanzabstand

50 cm x 30 cm, je 2–3 Korn in ein Pflanzloch geben.

Pflege

Im Jugendstadium auf nicht zu starke Verunkrautung achten.
Gegen einen möglichen Befall mit der Schwarzen Bohnenlaus (sie saugt an den Bohnen, die dadurch kleine braune, nicht zu übersehende Löcher aufweisen und nicht mehr zum Verzehr taugen) kann erfolgreich mit einer Seifenlauge vorgegangen werden (Blattläuse mögen ebenfalls keine Seifenlösung!)

Seifenlösung gegen Blattläuse

Wenn junge, ganze Bohnenpflanzen zu ernten sind, sollten diese Pflanzen mit einem scharfen Messer etwa 15 cm über dem Boden abgeschnitten werden, dann besteht die Möglichkeit, dass sie erneut aus den Stümpfen austreiben.

Ernte

Ist vom gewünschten Produkt abhängig, wobei beachtet werden sollte – bei der Verwendung einer Speisesorte und nicht der Puffbohne, die gebietsweise als Nahrung für die Haustiere angebaut wird! –, dass sehr junge und sehr zarte Bohnen das wunderbare Aroma des phantastischen Blütenduftes bewahren!

Samengewinnung

Die Bohnen sollten von ertragreichen gesunden Pflanzen für die kommende Aussaat stammen und separat in vollreifem Zustand geerntet werden. Dieser Zeitpunkt ist erreicht, wenn die vormals grünen Hülsen schwarz geworden sind und selbstständig aufplatzen. Rechtzeitig ernten, damit die Bohnen bei starkem Wind nicht ausfallen! Die Nagelprobe verrät den Reifegrad der Bohnen. Er ist optimal erreicht, wenn der Fingernagel sich nicht mehr eindrücken lässt.

In der Küche

Die jungen, noch zarten grünen Hülsen können wie Gartenbohnen oder Zuckererbsenschoten (eigentlich sind es Hülsen) verwendet werden. Die milchigen, halbreifen Bohnen können ausgepult und zu Salaten oder Pasten verarbeitet werden. In Italien werden sie gern geknabbert. Getrocknete Bohnen eignen sich für Eintopfgerichte und Suppen.

Junge Hülsen wie Zuckererbsenhülsen verwendbar

TIPP: Eine Cremesuppe aus den Samen der frischen, halbreifen Dicken Bohne schmeckt besonders köstlich!

Halbreife Bohnen

Reife Bohnen

Rezepte

Puffbohnensalat mit Minze

300 g halbreife Dicke Bohnensamen
300 g frische Sojabohnen
wahlweise auch frische Kichererbsen oder zarte grüne Erbsen
Meersalz
1 Eisbergsalat
100 g Räuchertofu oder Räucherfleisch vom Rotbarsch
1 Stiel Minze, am besten eignet sich die Sorte: Spearmint
Petersilie
Borretschblätter
3–4 Schalotten
wahlweise 1 mittelgroße Zwiebel
1/2 EL Kräuteressig
Pfeffer aus der Mühle
2 EL Olivenöl
Vollrohrzucker
essbare Blüten zum Garnieren

Die Hülsenfrüchte auspulen und in leicht gesalzenem Wasser 10 Min. garen. In der Zwischenzeit den Eisbergsalat putzen und zusammen mit dem Räuchertofu oder dem Rotbarsch in appetitliche Streifen schneiden. Die Kräuter waschen und fein hacken.

Die Hülsenfrüchte nach dem Garen in ein Sieb geben, mit Leitungswasser abbrausen und abtropfen lassen. Essig, Öl, Salz und Zucker kräftig verrühren.

Sämtliche Zutaten in eine Schüssel geben, die gewiegten Kräuter darüber streuen und zum Schluss die Salatsauce darüber verteilen. Den Salat vorsichtig durchmengen und vor dem Servieren eine 1/2 Stunde im Kühlschrank ruhen lassen. Vor dem Auftragen wird der Salat mit den Blüten (Borretsch, Karpuzinerkresse, Gänseblümchen) dekoriert.

Dicke-Bohnen-Püree mit Kräutern

300 g Dicke Bohnen, getrocknet
1 Stängel Liebstöckel
1 Bund Dost
wahlweise Majoran, getrocknet
1 Bund Dill
Meersalz
4 rote Schalotten samt Schlotten
1 TL Olivenöl
wahlweise Kürbiskernöl
ein paar Blätter frischer Salbei
1 Bund Petersilie
ein paar Blätter Löwenzahn
Pfeffer aus der Mühle
Zitronensaft

Die Bohnen am besten über Nacht in kaltem Wasser einweichen, danach in einen Durchschlag geben und abspülen. Danach werden sie zusammen mit dem Liebstöckel, Dost und Dill (die Hälfte für später aufbewahren!) – die Kräuter am besten zu einem Sträußchen binden, dann entfernen sie sich nach dem Garen besser – und etwas Salz in einen Topf gegeben und mit etwas Wasser bei mittlerer Hitze gegart. Da die Bohnen im Fond püriert werden sollen, bitte sparsam mit dem Wasser umgehen – nötigenfalls kann auch etwas zugefügt werden. Schaum, der sich während des Kochens bilden kann, öfter abschöpfen.

Sind die Bohnen weich, den Kräuterstrauß entfernen und das Kochgut leicht abkühlen lassen und pürieren. Jetzt werden die Schalotten geschält und fein gewürfelt, die Schlotten werden in feine Ringe zerteilt. Die Schalottenwürfel in etwas Olivenöl bräunen und zu dem Bohnenpüree geben. Salbeiblätter, Dill und Petersilie fein wiegen und ebenfalls hinzufügen. Mit Meersalz und Pfeffer abschmecken und vor dem Servieren mit den Schalottenschlottenringen bestreuen.

Das Püree kann kalt und heiß verzehrt werden!

Es schmeckt am besten auf Toast oder zu frischem Baguette.

» Mein spezieller Tipp

Sollte das Püree zu dünnflüssig sein, kann es bei schwacher Hitze und gelegentlichem Rühren noch ein wenig eingekocht werden!

Übrigens: Die Schlotten von Zwiebeln, Schnittlauch oder Schalotten lassen sich mit einer scharfen Haushaltsschere besonders gut und schnell in feine Ringe zerteilen. Auch Petersilie und Dill können so sehr fein und ohne viel Mühe an die Speisen geschnitten werden!

Bohnenauflauf

4 mittelgroße Zwiebeln
4 Tomaten
frische Kräuter (Majoran, Quendel, Petersilie, Kresse)
300 g halbreife Dicke Bohnen, gegart
2 Knoblauchzehen
100 g magerer Schinken, gekocht
wahlweise 2 Putenschnitzel
6 Scheiben Vollkorntoast
Butter zum Ausbuttern der Form
würziger Käse zum Überbacken

Die Zwiebeln schälen, in feine Ringe schneiden und in etwas Olivenöl bei mittlerer Hitze bräunen (durch Zugabe von etwas Zucker oder Paprikapulver kann dieser Vorgang beschleunigt werden). Tomaten kurz mit kochendem Wasser überbrühen und schälen (die Schale lässt sich nach kurzer Zeit einfach abziehen, dann müssen die Tomaten auch wieder aus dem heißen Wasser genommen werden!). Die Tomaten anschließend in kleine Würfel zerteilen. Die Kräuter waschen und fein wiegen. Den Schinken oder die Putenschnitzel in feine Streifen zerteilen, Putenschnitzelstreifen leicht salzen und pfeffern. Haben die Zwiebeln die richtige Bräune erreicht, werden die abgetropften Bohnen, die Tomatenwürfel, die Schinken- oder Putenschnitzelstreifen und die Kräuter hinzugegeben und kräftig verrührt! Mit Salz und Pfeffer abschmecken und zugedeckt auf der warmen Herdplatte etwas ziehen lassen.

In der Zwischenzeit werden die Toastscheiben getoastet. Danach werden sie auf einer Seite mit einer Knoblauchzehe eingerieben; der Knoblauch reibt sich dabei ein wenig ab! Brotscheiben und Bohnenmischung abwechselnd in eine leicht bebutterte Auflaufform schichten und den Auflauf mit dem geriebenen Käse bestreuen und im vorgeheizten Backofen bei 200 °C etwa 30 Min. backen. Vor dem Servieren mit den restlichen fein gewiegten Kräutern garnieren.

Dicke-Bohnen-Zucchini-Salat

300 g Dicke Bohnen, getrocknet
etwas Meersalz
2–3 Zucchini
1 EL Butter
Sojasauce
1 Knoblauchzehe
1 mittelgroße Zwiebel
Saft von einer 1/2 Zitrone
Petersilie
Kräuterstrauß (Liebstöckel, Bohnenkraut, Majoran)
1 Bund Radieschen

Die Dicken Bohnen über Nacht in kaltem Wasser einweichen, am nächsten Tag abgießen, abspülen und in frischem Wasser unter Zugabe von etwas Salz garen, wenn erwünscht, einen Kräuterstrauß mitkochen. Die Radieschen waschen, abtropfen lassen und vierteln, sind es biologische, können die Herzblätter verwendet werden. Sie werden zusammen mit der Petersilie nach dem Waschen fein gewiegt.

Die Zucchini in appetitliche Würfel zerteilen und in etwas Butter zusammen mit etwas Meersalz, Sojasauce sowie der gepressten Knoblauchzehe dünsten, bis sie weich, aber noch bissfest sind. Das heiße Zucchinigemüse zusammen mit den garen Dicken Bohnen in einer dekorativen Glasschüssel vermischen. Die Zwiebel schälen und fein würfeln. Ist die Masse etwas abgekühlt, gewürfelte Zwiebel und Radieschenviertel hinzufügen und unterheben. Mit Zitronensaft und Salz abschmecken und mit den gehackten Kräutern verfeinern.

Vor dem Servieren sollte der Salat etwa 1 Stunde im Kühlschrank durchziehen.

Dicke-Bohnen-Suppe

Die Dicken Bohnen über Nacht einweichen und am nächsten Tag in reichlich Wasser etwa 45 Min. unter Zugabe von etwas Salz und einer Knoblauchzehe garen. Den mageren Speck fein würfeln und auslassen. Darin dann die fein gewürfelte Zwiebel zusammen mit den Senfkörnern bräunen – darauf achten, dass die Senfkörner nicht schwarz werden, da sie sonst einen bitteren Geschmack bekommen! – das Mehl zufügen und alles bei mittlerer Wärmezufuhr bräunen. Gelöscht wird mit dem Bohnenfond, der beim Garen der Bohnen entstanden ist. Abschließend werden die Dicken Bohnen, der fein gewiegte Dill samt dem ebenfalls fein gewiegten Bohnenkraut untergerührt. Kurz aufkochen lassen und mit Salz, Zitronensaft und etwas Zucker abschmecken.

Übrigens: In Italien oder Spanien wird eine herrlich aromatische Vorspeise aus den Bohnen bereitet. Pro Person werden eine Handvoll roher, aus der Haut gepulter Kerne mit Petersilie, wildem Rucola und ein paar Blättern Radicchio gemischt. Parmesan darüber hobeln, eine Prise Meersalz zufügen, Pfeffer aus der Pfeffermühle und reichlich junges Olivenöl darüber geben. Die Krönung bilden einige Tropfen Balsamico-Essig. Bis zum Verzehr im Kühlschrank ziehen lassen.

150 g Dicke Bohnen, getrocknet
100 g magerer Speck
1 Zwiebel
1/2 EL Senfkörner
3 EL Mehl
1 l Bohnenfond
1 Stängel Bohnenkraut
2 Knoblauchzehen
1 Bund Dill
Meersalz
Zitronensaft
1 Bund Petersilie
Rohzucker oder Dicksaft

Spargelerbse *(Tetragonolobus purpureus)*

Herkunft, Bedeutung, Geschichte

Die Spargelerbse zählt zu den Leguminosen (Schmetterlingsblütlern) und hat auch wie die anderen in diesem Buch vorgestellten Vertreter dieser Gattung beträchtliche Assimilationseigenschaften. Diese verleihen ihr wohl die unbeirrbare Stetigkeit in ihrem Wachstumsvermögen und die vitale Kraft, bis in den Spätsommer und Herbst hinein Blüten und Hülsen bilden zu können. Wenn auch die Form der Hülsen eher ungewöhnlich ist – sie sind beinahe viereckig geformt – so ist doch die Blütenfarbe etwas ganz Besonderes. Sie erstrahlt in den kräftigsten und weithin leuchtenden dunkel-, blut- oder mystisch-roten Farbnuancen. Die Pflanze hat einen ausgesprochen hohen Zierwert, den sie bis in den Herbst hinein bewahrt.

Ihren Ursprung soll die Spargel- oder Flügelerbse im Mittelmeerraum haben. Hier wird die Wildform (var. *Intermedia Strobl*) noch heute angetroffen. Sie wurde in Südeuropa und Nordafrika domestiziert und etwa seit dem 17. Jahrhundert auch in diesen Regionen angebaut. Besondere Beachtung fand sie in England, daher wird die Pflanze mancherorts auch „Englische Erbse“ genannt.

Nur junge Hülsen verwendbar

Den Namen „Spargelerbse“ verdankt dieses Gemüse übrigens dem ausgezeichneten Geschmack der zarten viereckigen Hülsen. Die Bezeichnung „Flügelerbse“ hingegen entspringt den vier dünnen, geradlinig oder gezackten flügelähnlichen „Häuten“, mit denen die Längsseiten bezogen sind. Die Hülsen sind zwischen 3 und 7 cm lang. Ab einem bestimmten Alter verholzen sie allerdings und werden ungenießbar, so dass nur die mittelgroßen Hülsen von ausgesuchter Zartheit sind.

Die Spargelerbse ist einjährig. Sie ist weniger kälteempfindlich als eine

Flügelähnliche Häute entlang der Spargelerbsenhülsen

Soja- oder gar eine Buschbohne und kann zusammen mit der ebenfalls kälteunempfindlichen Dicken Bohne an geschützten Lagen ausgesät werden. Wegen der buschigen Wuchsform und des Zierwertes der zahlreichen Blüten kann diese Pflanze optimal als Einfassungspflanze in rustikal ausgerichteten Gärten anstelle des langsam wachsenden Buchsbaumes verwendet werden.

Nach dem Aufgehen schieben sternförmig 5 bis 7 am Boden liegende Triebe, die sich kontinuierlich weiterentwickeln und aus denen weitere Triebe hervorgehen, was die Unkrautregulierung erschwert. Da aber die Sonnenlicht liebende Pflanze bereits in den späten Nachmittagsstunden ihre leicht behaarten Blätter schließt, können während dieser Zeit anfallende Beikrautregulierungsarbeiten gut ausgeführt werden. Erst mit dem Absterben der Pflanze endet unter günstigen Bedingungen endgültig auch die Blütenbildung. Während der gesamten Vegetationszeit werden von einer Pflanze etwa 1/2 kg Schoten gebildet; eine Hülse wiegt etwa 2 g! Laufendes Durchernten, Beikrautregulierung und Durchlüftung des Bodens sowie ausreichende Wasserversorgung fördern die Fruchtbildung. In den Hülsen, die nur jung genießbar sind, finden sich etwa 8–14 schwarzbraune Samen. Diese dienten früher als Kaffeeersatz.

Buschige Wuchsform und hoher Zierwert in Gärten

Enthält wertvolle Mineralien und reichlich ungesättigte Fettsäuren

Inhaltsstoffe

Eiweiß, Mineralien, hier besonders Kalzium und Phosphor, sowie die Vitamine A, C und B. Das Öl der Spargelerbsen ist reich an ungesättigten Fettsäuren.

Gesundheitlicher Wert

Spargelerbsen sind ein kalorienarmes Gemüse, das den Körper mit wertvollen Mineralstoffen, allen voran Kalzium, versorgt.

Blühende Spargelerbsen

Kultur

Ansprüche an Klima und Boden Wärmeliebend. Wenngleich kühlere Temperaturen verhältnismäßig gut überstanden werden, sollte die Aussaat in ein gut erwärmtes Saatbeet dennoch nicht vor Mitte Mai erfolgen. Eine Vorkultur im Blumentopf ist möglich. Lockerer, humoser Boden, der 3 Jahre zuvor nicht mit Leguminosen bepflanzt wurde, ist empfehlenswert.

Standort Sonnig

Aussaattermin Mitte Mai bis Mitte Juni, bis Mitte Juli möglich

Keimdauer 10–12 Tage, je nach Bodentemperatur und -feuchtigkeit

Pflanzabstand 40 cm x 40 cm

Pflege Ein Austrocknen des Bodens sollte verhindert werden. Da die Pflanze wärmeliebend ist, sollte nicht mit kaltem Leitungswasser gegossen werden. Um eine optimale Entwicklung zu gewährleisten, sollten die Pflanzen frühzeitig vereinzelt werden! Die zarten Pflanzentriebe können gut in der Küche verwendet werden. Zur Erzielung des vollen Ertrages alle paar Tage durchpflücken!

Ernte Junge Pflanzentriebe für Gemüse oder eine Cremesuppe. Grüne bleistiftstarke Hülsen in einer Länge bis 5 cm. Reife Erbsen im Herbst bei trockenem Wetter, wenn die Hülsen dunkelbraun und restlos trocken sind.

Zum Genuss geeignete Spargelerbsen

Samengewinnung

Die Gewinnung von gutem Saatgut für das kommende Jahr ist unproblematisch. Hierfür sollte lediglich eine gut entwickelte Pflanze nicht zu Speisezwecken beerntet werden, so dass kräftige Schoten heranreifen können. Sind die Hülsen im Herbst trocken (die Erbsen klappern innen, wenn die Hülsen rappeltrocken sind), wird der Samenvorrat für die nächste Saison gepflückt. Diese Hülsen sollten kühl und trocken aufbewahrt werden.

Im „Handbuch des speziellen Gemüsebaues" ist nachzulesen, dass die Spargelerbse gerne ranken und klettern würde. In diesem Zusammenhang wird empfohlen, sie an Zäunen zu kultivieren. Diese Empfehlung kann ich nicht weitergeben, da „meine" Spargelerbse lediglich buschig wächst und nicht über 65 cm hoch wird. Auch die Angaben zur Blütenfarbe fallen unterschiedlich aus. Es ist auch von gelb blühenden Spargelerbsen die Rede.

Samen der Spargelerbse

In der Küche

Zarte Triebe ohne Blätter können genauso wie die zarten Hülsen zubereitet werden. Ich habe aus den jungen Trieben und Blättern eine Cremesuppe, ähnlich einer Spargelcremesuppe, zubereitet und war vom Geschmack sehr angetan.
Reife Erbsen können in der Küche wie trockene Bohnen oder Erbsen verwendet werden, allerdings ist das Auspulen sehr mühsam, da die getrockneten Spargelerbsen nur einen Durchmesser von etwa 2 mm erreichen.

Ansonsten ist die Verwendung in der Küche äußerst unproblematisch. Die Garzeit der zarten Hülsen ist sehr gering. Spargelerbsenhülsen sollten immer frisch verwendet werden, da sie nicht lange haltbar sind und rasch an Geschmack einbüßen. Die kulinarischen Möglichkeiten sind vielfältig, da sie einerseits wie Spargel, andererseits auch wie Zuckererbsen und nicht zuletzt wie sehr delikate Bohnen zubereitet werden können.

Spargelerbsen immer frisch verwenden – sie verlieren rasch an Geschmack

Junge Pflanzen, die beim Vereinzeln anfallen, können und sollten ebenfalls in der Küche verwendet werden. Da die Blätter und Stängel der Spargelerbse zwei- bis dreimal so viel Calcium und Phosphor wie die Hülsen aufweisen, ist der Verzehr obendrein gesund. Werden die zarten Stängel noch wie ein Spargel zubereitet, steht der vortreffliche Geschmack der positiven Wirkung auf den Organismus um nichts nach. Die Blätter fühlen sich im Mund allerdings leicht sandig an.

Rezepte

Spargelerbsen-Grünkern-Auflauf

1/2 l Gemüse- oder Fleischbrühe
250 g Grünkernschrot
500 g Spargelerbsenhülsen
etwas Meersalz
1 Tasse süße Sahne
2 Eier
100 g aromatischer Käse
2 Stängel frischer Dill
Pfeffer aus der Mühle
Muskatnuss
1 Knoblauchzehe
Butter zum Befetten der Auflaufform

Die Gemüse- oder Fleischbrühe aufkochen und mit einem Schneebesen das Grünkernschrot rasch unterrühren und unter ständigem Weiterrühren kurz aufkochen lassen. Mit geschlossenem Deckel bei geringer Wärmezufuhr 15–20 Min. ausquellen lassen. Darauf achten, dass es nicht anbrennt!

In der Zwischenzeit die Spargelerbsen waschen und etwa 5 Min. in schwach gesalzenem, kochendem Wasser blanchieren. Danach in einen Durchschlag geben und abtropfen lassen.

Aus der Sahne, den Eiern, dem geriebenen Käse und dem fein gehackten Dill eine Sauce bereiten, die mit Salz, Pfeffer und Muskatnuss kräftig abgeschmeckt wird. Die Auflaufform vor dem Ausbuttern mit der angeschnittenen Knoblauchzehe ausreiben und abwechselnd die Grünkernmasse und die blanchierten Spargelerbsen hineinschichten. Den Auflauf mit der Käse-Sahne-Sauce übergießen und im vorgeheizten Backofen bei 200 °C etwa 15–20 Min. überbacken.

» Mein spezieller Tipp

Reichen Sie zu diesem Auflauf einen frischen Salat aus gesunden und aromatischen, beinah vergessenen historischen Möhrensorten, die noch im besonderen Fachhandel oder bei einem Verein zur Erhaltung der Artenvielfalt erhältlich sind; zum Beispiel „Ochsenherz-Möhren" (Oxheart). Diese Möhren haben nicht nur einen hervorragenden Geschmack, sondern üben auch eine sehr positive Wirkung auf den Organismus aus, gerade bei Stoffwechsel- und Verdauungsstörungen können sie verblüffende Wirkungen erzielen. Dies ist nicht nur meine Meinung, sondern auch das Ergebnis einer klinischen Studie, bei der 90 verschiedene Möhrensorten getestet wurden; andere Möhrensorten wirken beispielsweise Migräne und Kopfschmerz entgegen.

Mehr Infos hierzu unter: www.gesundheitszentrum-marbachshoehe.de

Spargelerbsensuppe mit Walnusscroûtons

500 g Spargelerbsenhülsen
1 große Zwiebel
2 EL Butter
1 l Gemüse- oder magere Rindfleischbrühe von der Beinscheibe oder Hohen Rippe
3 Äpfel
Meersalz
Pfeffer aus der Mühle
Curry
Muskatnuss
1 Tasse süße Sahne
2 Vollkornbrötchen
2 EL Walnüsse, gehackt
100 g Weizenkeimlinge
wahlweise Sojasprossen
1 Bund Petersilie

Die Zwiebel schälen, würfeln und in einer Pfanne in etwas Butter bräunen. Mit der Brühe ablöschen. Die gereinigten Spargelerbsen in die Brühe geben, die gewaschenen Äpfel hineinhobeln und etwa 5 Min. kochen lassen. Danach wird die Suppe passiert. Mit Salz, Pfeffer, Curry und Muskatnuss abschmecken und zum Schluss mit der Sahne verfeinern.

Vollkornbrötchen in kleine Würfel zerteilen und zusammen mit den gehackten Walnüssen in etwas Butter in einer Pfanne rösten, dabei ständig umrühren. Die fein gewiegte Petersilie kurz vor dem Servieren in die Suppe einrühren, diese in die Suppentassen füllen und mit etwas Pfanneninhalt und Keimlingen bestreuen.

Spargelerbsengemüse

500 g Spargelerbsen
3 Eier
1/4 l süße Sahne
wahlweise die Hälfte Vollmilch
Salz
Rohzucker
Zitronensaft
Muskatnuss
Petersilie
Dill

Die Spargelerbsenhülsen waschen und in etwas Wasser zusammen mit Salz und einer Prise Zucker etwa 5 Min. garen. Darauf achten, dass die Hülsen nicht zu weich werden. Die Eier mit der Sahne verquirlen und in das gegarte Gemüse einrühren, kurz aufkochen lassen. Mit einem Hauch Muskatnuss und etwas Zitronensaft abschmecken und mit fein gewiegten frischen Kräutern garnieren.

Übrigens: Zu diesem Gemüse passen „Verlorene Eier" hervorragend. Als Beilage etwas Reis.

» Mein spezieller Tipp

Wirklich frische Eier erkennt man am sichersten beim Aufschlagen! Ist das Ei tatsächlich frisch, läuft das Eiklar nicht auseinander, sondern bildet die typische Form eines Spiegeleies. Bei älteren Eiern verflüssigt sich das Eiklar mehr und mehr, bis es schließlich in Fäulnis übergeht. „Verlorene Eier" können nicht aus Eiern hergestellt werden, die nicht wirklich frisch sind!

Hefekuchen mit Spargelerbsen

Teig
350 g Vollkornmehl
1/2 Würfel Hefe
1 Tasse Milch
1 EL Butter
1 Prise Meersalz
Muskatnuss
Schwarzkümmel
wahlweise Majoran

Belag
400 g Spargelerbsenhülsen
1 mittelgroße Zwiebel
2–3 Knoblauchzehen
1 EL Butter
1/4 l Gemüsebrühe
2 Eigelb
Saft einer 1/2 Zitrone
200 g aromatischer Käse
2 Eiweiß
etwas Rohzucker
Meersalz
Pfeffer aus der Mühle

Einen Hefeteig aus den Zutaten für den Teig bereiten. Dabei zuerst das Mehl in die Schüssel sieben, eine Mulde formen und dort hinein die Hefe bröseln. 1/2 EL Zucker auf die Hefe streuen und mit handwarmer Milch daraus einen dünnflüssigen Brei rühren. Dieser muss am besten eine 1/2 Stunde im angenehm temperierten Raum gehen; dabei verdreifacht der Brei sein Volumen.

Butter, Salz und die Gewürze zum Mehl geben, dabei darauf achten, dass der Hefebrei nicht unmittelbar mit der Butter in Berührung kommt! Am besten verknetet man die Butter mit etwas Mehl und knetet danach erst den Hefeteig zusammen. – Ein Hefeteig soll ordentlich durchgewalkt und geknetet werden – ein alter Knetteig-Spruch lautet: „Ich geh über, ich geh unter, ich knet dich pumpernelle, auf dass dein Bauch geschwelle…"

Nach dem Kneten den Teig warm stellen und mit einem Geschirrtuch abgedeckt gehen lassen. Er verdoppelt in der Regel schon während 30 Min. sein Volumen.

In der Zwischenzeit die Spargelerbsen waschen, Zwiebel und Knoblauch schälen und fein hacken. Etwas Butter in einen Topf geben und Zwiebel sowie Knoblauch bräunen – da der Knoblauch in der Regel schneller braun wird, erst die Zwiebel eine Weile in der Butter braten, ehe der Knoblauch hinzugefügt wird. Sobald die Zwiebeln eine appetitliche Farbe haben, können die Spargelerbsenhülsen hinzugefügt und kurz gedünstet werden. Mit Salz und Pfeffer würzen und mit der Gemüsebrühe löschen. Beide Eigelb – bei kleinen Eiern nimmt man 3 Eigelb – verquirlen und unterziehen.

Den Hefeteig dünn ausrollen und eine gut bebutterte Springform damit auslegen, dabei einen etwas höheren Rand formen. Den Teig mehrmals mit einer Gabel einstechen und nochmals etwa 10 Min. gehen lassen.

Die warme Gemüsemasse gleichmäßig auf dem Teig verteilen und mit Zitronensaft beträufeln, dann den Käse darüber streuen. Den Gemüsekuchen etwa 15 Min. im vorgeheizten Backofen bei 180 °C backen. Das Eiweiß zu steifem Schnee schlagen, dabei die Gewürze unterheben. Wenn der Kuchen appetitlich braun ist, die Kuchenform aus dem Backofen nehmen, den Eischnee darüber verteilen und nochmals bei 150 °C überbacken, bis der Eischnee ebenfalls gebräunt ist.

Der Hefekuchen schmeckt sowohl kalt oder heiß gegessen!

» Mein spezieller Tipp

Zur Verfeinerung können in appetitliche Würfel zerteilte Bratenreste, Pilze oder Bratgeflügelreste unter die Masse gehoben werden.

Spargelerbsen-Gemüsepfanne

200 g Spargelerbsen
2 mittelgroße Möhren
2 Stiele Mangold
4 Schalotten
2 kleine Mairüben
2 Zucchini
100 g grüne Sojabohnen oder Zuckererbsen
1 EL Butter
1 Knoblauchzehe
Liebstöckel
Petersilie
Salz und Pfeffer aus der Mühle

Das Gemüse waschen, schälen und würfeln. Butter in einer größeren Pfanne – am besten in einem Wok – erhitzen und die gewürfelten Schalotten zusammen mit dem Knoblauch kurz andünsten. Danach das restliche Gemüse zufügen, salzen, pfeffern und dünsten, bis das Gemüse al dente ist. Die fein gewiegten Kräuter kurz vor dem Auftragen unterheben.
Dazu kann Reis gereicht werden.

›› Mein spezieller Tipp

Besser jedoch mundet hier eine einfach zu bereitende Mehloblaten-Spezialität, die ohne großen Aufwand rasch selbst herzustellen ist:
Aus 250 g Mehl, etwas Salz, einem Ei und einer 1/2 Tasse Bier wird ein glatter Knetteig bereitet. Dieser wird ganz flach ausgerollt und mit Olivenöl, dem wahlweise Kräuter oder gepresster Knoblauch beigefügt werden kann, bestrichen.
Im vorgeheizten Backofen bei starker Wärmezufuhr etwa 15 Min. backen. Warm verzehren.

Spargelerbsen-Beilage zu Allerlei

besonders zarte Spargelerbsen
Meersalz
fetter Speck, hauchdünn geschnitten

Spargelerbsenhülsen waschen und kurz in leicht gesalzenem, kochendem Wasser blanchieren. Zum Abtropfen in ein Sieb geben. Den fetten Speck in dünne Scheiben schneiden. Je nach Stärke 5–8 Spargelerbsenschoten in eine Scheibe Speck einrollen, mit einem Holzspießchen (Zahnstocher) die Rouladen fixieren und bei starker Hitze in einer Pfanne rundherum scharf anbraten, bis der Speck schön knusprig ist.

Diese Beilage schmeckt außergewöhnlich gut und kann als Beilage zu sehr vielen Gerichten gereicht werden.

Ähnliches Gemüse

Mauswicke *(Vicia narbonensis)*

Junge Mauswickenblätter gaben der Pflanze ihren Namen

Aus der Genbank Gatersleben, dem heutigen Leibniz-Institut, bekam ich im Jahr 2000 eine Samenprobe. Die wenigen Samen darin hatten die Form von Kälbermilchzähnen, waren also von rechteckiger, leicht gerundeter Form. Da mir der lateinische Name nicht geläufig war, recherchierte ich, dass es sich bei den vorliegenden Samen um den der Mauswicke bzw. einen Vertreter dieser Gattung handelt. Ich säte aus und konnte staunend einen Frohwuchs erleben, der seinesgleichen suchte! Allerdings stimmten meine Beobachtungen nicht mit den Aufzeichnungen renommierter Pflanzenfachleute überein, so dass ich für die überarbeitete Neuauflage dieses Buches noch einmal Gelegenheit hatte, eine Mauswicke zu beobachten. Dieses Mal waren es zwei Proben. Die Samen unterschieden sich in Größe und Farbe und waren beide rund. Während bei meinem ersten Versuch eine Pflanze gedieh, die wuchs und wuchs und wuchs, reichlich Stroh bildend und sagenhaft üppig blühend, habe ich nun eine Mauswicke, die rankt, und eine, die ein wenig an eine Dicke Bohne erinnert.

Der Name der Pflanze „Mauswicke" könnte sich meiner Beobachtung nach vom Wuchs ableiten lassen – junge Mauswickenblätter sind den Ohren der Mäuse frappierend ähnlich!

Nach einer violetten Blüte – keine Mauswicke zeigte Läusebefall! – bildeten sich viele kleine Schoten, in denen etwa 6–8 Körner eingeschlos-

Das Aussehen der Mauswickenpflanze ist typenbedingt

Die Körner der Mauswicken erinnern an Erbsen, schmecken aber etwas süßer

sen waren. Im Geschmack waren diese kleinen Körner, die in ihrer Form an Erbsen erinnerten, herrlich, um genau zu sein: sie schmeckten ein wenig wie Erbsen, jedoch etwas süßer und ohne mehligen Beigeschmack, etwa so wie die Hülsen der Zuckererbsen. Da Mauswicken in der Regel kein Gießwasser benötigen und bis in den September hinein Schoten tragen, sind sie eine köstliche Bereicherung eines Gartens, der zum Naschen animiert.

Kurz zum Thema

Buchweizen *(Fagopyrum esculentum)*

Wegen der enormen ökologischen wie gesundheitlichen Bedeutung sei in diesem Buch auch auf diese, in unseren Gefilden als Speisepflanze weitgehend verschwundene Pflanze hingewiesen. Botanisch handelt es sich beim Buchweizen nicht um ein Getreide, wie der Name „Weizen" vermuten lässt, sondern um eine Pflanze aus der Familie der Knöterichgewächse. Da die ungeschälten Samen in der Form den Bucheckern ähnlich sind, könnte sich hieraus die Namensbildung ableiten lassen. Die Schalen der Samen lassen sich nicht weichkochen! Buchweizen muss für den Verzehr geschält werden!

Heute oft als Zwischenfrucht bzw. Gründecke im Ackerbau

Er ist einjährig, erreicht etwa eine Höhe von einem 1/2 m und mag trockenes und warmes Klima. Archäologische Körner-Funde aus der Bronzezeit lassen die Vermutung zu, dass eine Kultivierung schon in dieser Zeit stattgefunden haben muss. Erstmals urkundlich erwähnt wird der Buchweizen in einer Chronik zu Nürnberg im Jahre 1396, woraus ersichtlich ist, dass Buchweizen bereits fest in den Speiseplan integriert war.

Dank der Osterweiterung der EU findet auch der Buchweizen zurück in unsere Breiten. Ein regelmäßiger Verzehr kann nur empfohlen werden, da Buchweizen einen hohen Gehalt an lebenswichtigen Aminosäuren, wie Lysin, Arginin, Tryptophan, sowie reichlich Lecithin und die Vitamine B, E sowie Kalium, Calcium, Phosphor, Magnesium, Eisen und Fluor aufweist. Das Lysin und das Lecithin gelten als Nervennahrung und steigern die Lernfähigkeit. Tryptophan sorgt für einen erholsamen Schlaf.

Neben den Samen ist jedoch auch das Kraut wegen des hohen Gehaltes an Rutin sehr wertvoll. Die roten Blattadern weisen nach der Signaturlehre deutlich auf die gefäßschützenden und -verbessernden Eigenschaften hin. Die Blätter können roh als Salat, gedünstet als Gemüse oder wie ein Spinat zubereitet werden. Das Kraut kann auch getrocknet und als Tee getrunken werden.

Aufgrund des enthaltenen Lysins und Lecithins hervorragende „Nervennahrung"

Der Buchweizen gedeiht auf kargstem Boden und mag weder eine Düngung noch humosen Boden, dann fällt die Ausbeute an Körnern deutlich geringer aus. Sandböden sind zum Anbau optimal.

Da die Pflanze dekorativ ist, kann sie gut im Garten ausgesät werden. Sie entwickelt schöne herzförmige Blätter, die von zahlreichen roten Adern durchzogen sind. Die Blütenfarbe reicht von Weiß bis Rosa.

Im Garten angebaut, zieht blühender Buchweizen magisch eine Vielzahl an Insekten an. Da die Pflanze nur wenige Wochen zur Entwicklung braucht, kann laufend bis in den Juli hinein nachgesät werden.

Portulak *(Portulaca oleracea)*

Herkunft, Bedeutung, Geschichte

Einjährig, stark wärmeliebend

„Postelein", „Burzelkraut", „Bürzelkohl", „Kreusel", „Sauburtzel" sind die vielen Namen, unter denen die Pflanze bekannt ist. Der Portulak gehört der botanischen Familie der Portulakgewächse *(Portulaceae)* an. Diese sind bis auf den Portulak in den Tropen heimisch. Ursprünglich soll die Pflanze bzw. deren Wildform aus Vorderasien stammen. Erste Erwähnungen stammen aus der Feder des Griechen Theophrastos (371–287 v. Ch.). Hildegard von Bingen hat ihn unter der Bezeichnung „Burtel" in der Physika erwähnt. Erste schriftliche Überlieferungen über die Verwendung dieser Pflanze stammen allerdings erst aus dem späten Mittelalter. Leonhart Fuchs beschreibt Portulak in seinem Kräuterbuch und empfiehlt ihn für Salat oder medizinische Zwecke.

Portulak ist ein einjähriges Gewächs, das viel Wärme benötigt. So reagiert die Pflanze auf Temperaturen unter 10 °C empfindlich. Trotzdem galt Portulak noch bis vor ein paar Jahren als Ackerunkraut, das auch nicht vor Gartenzäunen Halt machte. Wenn man bedenkt, dass eine Pflanze etwa 10.000 Samen zu produzieren vermag, die etwa 30–40 Jahre im Boden ihre Keimfähigkeit bewahren, wird dies durchaus verständlich. Aber auch im Wachstum überzeugt Portulak durch seine rasante Entwicklung; er wächst sehr schnell, erst niedergestreckt, dann aufrecht zu einer 20–40 cm hohen Pflanze heran. An seinen glatten, rötlichen Stängeln sitzen glänzende, fleischig verdickte, eiförmige, stiellose, saftige Blätter von angenehmem Geschmack. Sie sind leicht knackig, etwas salzig, mit nussigem Beigeschmack. Alles in allem: erfrischend.

Fleischig verdickte, saftige Blätter …

… des jungen Portulak

Besonders apart sind die Jungpflanzen, da sie dem vierblättrigen Kleeblatt äußerst ähnlich sind. Im Freiland benötigt die Pflanze unter optimalen Bedingungen von der Aussaat bis zur Ernte etwa 3–4 Wochen. Folgeaussaaten sind zu empfehlen, damit immer frische Pflanzen vorrätig sind. Portulak liebt einen leichten, sandigen, humosen Boden in warmer, sonniger Lage, der allerdings nicht austrocknen darf (von Wassergaben mit frischem Leitungswasser sollte wegen der Wärmebedürftigkeit der Pflanze allerdings Abstand genommen werden!). Da die Samen äußerst klein sind, sollten sie, um eine zu dichte Aussaat zu vermeiden, mit Sand vermengt werden. Nach dem Auflaufen wird auf 10 cm in der Reihe vereinzelt. Die erste Ernte kann bereits vier Wochen nach der Aussaat erfolgen, da nur die jungen Pflanzen verwendet werden. Es empfiehlt sich aber eine Ernte bei Bedarf, da sich die Lagerung schwierig gestaltet. Im Kühlschrank sind die Pflanzen nur etwa 3 Tage haltbar. Auch sollten grundsätzlich nur junge Pflanzen Verwendung finden, da die Blätter älterer Exemplare bitter sind. Die Farbe der Blätter tendiert je nach Sorte von Grün bis Goldgelb.

Bevorzugt leichten, sandigen, humosen Boden in sonniger Lage

In der Blütezeit von Juli bis September (Freiland) entwickeln sich zwischen den Blättern pastellgelbe oder orange gefärbte, kleine Blüten. Diese bilden bald Samenkapseln, in denen unzählige schwarze, winzige Samen reifen.

Inhaltsstoffe

Neben einem hohen Karotin- und Vitamin C-Gehalt überzeugt besonders die hohe Menge an Magnesium und Kalium.

Gesundheitlicher Wert

Ein Tee aus Portulakblättern ist hilfreich bei Blasen- und Nierenleiden. Außerdem wirkt Portulak blutreinigend und lindert Sodbrennen. Zudem wirkt die Pflanze sanft Appetitlosigkeit entgegen und reguliert die Verdauung. Bei Problemen wie Entzündungen und Reizungen des Verdauungstraktes und der Harnwege kann eine Tee-Kur Abhilfe verschaffen. Täglich 3–4 Tassen Portulaktee trinken – 3–4 EL frischer Portulak mit 1 l kochendem Wasser übergießen und 5 Min. ziehen lassen – und ergänzend viel ungesüßten Tee oder Mineralwasser zu sich nehmen, damit der durchspülende Effekt einsetzen kann.

Portulaktee hilft bei Blasen- und Nierenleiden

Durch den hohen Gehalt an Magnesium und Kalium ist die Pflanze ein Herztonikum. Portulak enthält zudem Omega-3-Fettsäuren und wirkt daher vorbeugend gegen Arterienverkalkung. Übrigens: Omega-3-Fettsäuren erhöhen die Serotonin-Produktion im Gehirn; das „Glückshormon" Serotonin macht gute Laune und dämpft Depressionen; bedenkt man, dass die EU kürzlich bestimmte Antidepressiva zur

Frisch geernteter Portulak

Behandlung verschiedener Depressionen bei Kindern über 8 Jahren freigegeben hat, erhebt sich die Frage, ob hier nicht auch eine „Naturheilkunde" aus der Kammer des Gartens gute Resultate erzielen oder gar prophylaktisch wirken würde!

Wegen des hohen Vitamin-C-Gehaltes wurde Portulak früher gegen Skorbut konsumiert.

Übrigens: *In Essig und Öl angemacht, bekommt roher Portulak-Salat besonders gut dem gestressten Magen – und schmeckt (mit frischen Radieschen, Petersilie und zarten Schalottenwürfelchen) überdies herrlich!*

Allerdings hat die Pflanze auch eine unerwünschte Nebenwirkung auf den menschlichen Organismus: Es werden ihr potenzmindernde Eigenschaften nachgesagt!

Kultur

Ansprüche an Klima und Boden

Äußerst wärmebedürftig. Gedeiht gut auf tiefgründigen, sandigen, aber humosen Böden.

Standort

Sonnig. Kommt ab einer gewissen Entwicklungsphase auch sehr gut mit Trockenzeiten zurecht.

Aussaattermin

Da Portulak sehr wärmebedürftig ist, darf er nicht vor Mitte/Ende Mai ausgesät werden. Folgesaaten sind bis Ende Juli möglich, allerdings sollte hier dem sommerlichen Austrocknen des Bodens durch gelegentliches Gießen mit abgestandenem Wasser begegnet werden. Da der Samen extrem klein ist, sollte auf eine flache Aussaattiefe (2 mm) geachtet werden. Portulak läuft aber bei einer etwas dichteren Aussaat und einer tiefergelegten Aussaattiefe sehr unterschiedlich auf, so dass dann laufend von einem Beet junger, zarter Portulak geerntet werden kann.

Keimdauer

Die Keimzeit beträgt 5–10 Tage.

Pflanzenabstand

10 cm x 20 cm

Pflege

Auf Verunkrautung achten.

Ernte

Sobald die Pflanzen etwa 10–15 cm Höhe erreicht haben, können die oberirdischen grünen/gelben Teile geerntet werden. Blätter können bis zur Blüte laufend gepflückt werden.

Samengewinnung

Je nach Aussaattermin bilden sich ab etwa Juni Blüten, aus denen sich schon bald kleine Samenkapseln entwickeln. Laufend durchernten, da sie sehr leicht von alleine aufbrechen und ihren wertvollen Inhalt ins Freie entlassen. Am besten gibt man alle Samenkapseln unmittelbar nach der Ernte in eine Papiertüte und entleert diese in einem Raum auf Küchenpapier. Hier kann man dann in Ruhe die reifen (schwarzen) von den unreif geernteten Samen trennen. Reife Samen auf dem Küchenpapier nachtrocknen lassen und dann kühl, trocken und dunkel verwahren.

TIPP: Damit Portulak laufend vorrätig ist, müssen nicht viele Nachsaaten sein – er hat ein unbändiges Verlangen, sich zu vermehren! Wer bei der Ernte der Pflanzen einen Rest von etwa 2–3 cm über dem Boden belässt, kann schon nach kurzer Zeit von der gleichen Pflanze erneut zarte Blätter ernten. Es schieben sich aus diesem „Stumpf" bis zu 5 vollentwickelte Pflanzen, die wiederum bequem zu ernten sind!

Schwarzer Samen des Portulak

In der Küche

Portulakblätter lassen sich roh als Salat oder gedünstet als Gemüse verwenden. Als Salat zubereitet, harmonieren sie gut mit Salatgurken, Tomaten, Möhren und Kopfsalat.

Fein in Streifen geschnitten, als Belag auf frischem Brot, kommt der feine, nussige Geschmack so richtig zur Geltung. Möchte man die Blätter lieber gegart verzehren, so blanchiert man sie am besten kurz wie Spinat.

Portulak für Salat vorbereitet

Rezepte

Portulak-Pfirsich-Salat

Pfirsiche häuten, halbieren und in dünne Scheiben schneiden. Portulak waschen und trocken schleudern, Haselnüsse in Scheiben hobeln, Koriander grob mahlen. Essig mit Öl und den Gewürzen zu einer Marinade anrühren. Pfirsiche mit den Portulakblättern und der Salatsauce vorsichtig vermischen und auf vier Tellern anrichten.

Haselnussöl in einer Pfanne erhitzen, Haselnussscheiben und den gemahlenen Koriander darin anrösten. Den Salat mit den gerösteten Nüssen bestreuen.

4 große reife Pfirsiche

ca. 200 g Portulakblätter

100 g Haselnüsse

1 EL Korianderkörner

2 EL Sherryessig

4 EL Haselnussöl

Meersalz

Pfeffer, grob gemahlen

Rohzucker nach Geschmack

1 EL Haselnussöl zum Rösten

Zwiebelsuppe mit Portulak

3–4 mittelgroße Zwiebeln
1 EL Butter
4 EL Dinkel-Vollkornmehl
Beifuß
1 l Gemüse- oder Fleischbrühe
3 Handvoll Portulakpflänzchen oder Portulakblätter
Meersalz
Pfeffer aus der Mühle
Knoblauch
Petersilie zum Bestreuen

Die Zwiebeln und den Knoblauch schälen und fein würfeln (Knoblauch deutlich feiner als die Zwiebeln!). Butter in einem Topf erhitzen und die Zwiebel- und Knoblauchwürfel darin vorsichtig bräunen. Danach das Vollkornmehl mit etwas Beifuß in den Topf geben und ebenfalls vorsichtig bräunen. Mit der Gemüse- oder Fleischbrühe, die mit einem Schneebesen gut und zügig eingerührt werden muss, ablöschen. Den Portulak waschen, eventuell schadhafte Stellen entfernen und fein gewiegt in die Suppe geben.

Nach kurzem Aufkochen vom Herd nehmen und würzen.

Vor dem Servieren mit der gereinigten und fein gewiegten Petersilie bestreuen.

Die Suppe kann gut zu Toast oder zusammen mit Maultaschen serviert werden.

Gemüsereis mit Portulak

200 g Naturreis
Meersalz
1 EL Butter
2 EL Olivenöl
1 mittelgroße Mairübe
2 Möhren oder 1 Pastinake
4 Schalotten
2 Handvoll Puffbohnenkerne (wahlweise grüne Sojabohnenkerne)
Meersalz
Borretsch
2 Handvoll Portulak
Reste von kaltem Braten oder gebratenem Geflügel

Den Reis nach Vorschrift aufkochen und etwa 20 Min. garen. Dabei etwas Meersalz und etwas Butter zufügen. Die Puffbohnen in etwas Salzwasser vorgaren. Das Gemüse putzen, grob raspeln, Schalotten ohne das Grün fein wiegen.

In einer Pfanne Olivenöl erhitzen, das Gemüse samt den abgetropften Puffbohnenenkernen hineingeben und bei starker Hitze unter häufigem Umrühren schmoren, bis es weich, aber noch bissfest ist. Die Fleischreste in appetitliche Stücke zerteilen. Den gegarten Reis in einer dekorativen Glasschüssel anrichten und vorsichtig mit dem Pfannengemüse, den Bratenstücken und den fein gewiegten Kräutern samt dem Portulak vermengen.

Mit den herrlichen Blüten des Borretschgemüses dekorieren!

» Mein spezieller Tipp

Sollte der Gemüsereis einmal ein wenig zu trocken sein, wird er durch Hinzufügen von Joghurt oder süßer Sahne verändert.
Zum Gemüsereis empfiehlt sich als Beilage ein bunter Salat.

Gemüsesuppe mit Polenta und Portulak

Maisgrieß in die kochende, leicht gesalzene Flüssigkeit geben und mit einem Schneebesen gut verrühren. Die Polenta bei schwacher Wärmezufuhr unter ständigem Rühren kochen, bis sie dickflüssig ist. Vom Herd nehmen und Butter, Muskatnuss sowie Sonnenblumenkerne, gemahlene Mandeln, Kokosflocken und das Eigelb unterheben.

Ein Backblech oder eine Gratinform buttern und die Masse gleichmäßig und dünn darauf verteilen und bei 175 °C etwa 15 Min. backen. Danach wird die Polenta in feine Streifen geschnitten.

Das Gemüse putzen, Kohlrabi, Mairübe und Möhren in appetitliche Stücke zerteilen. Das zarte Grün des Kohlrabis fein wiegen, Sojabohnen und Spargelerbsen reinigen, gegebenenfalls zerkleinern. Die Zwiebel schälen, fein würfeln und den Knoblauch auspressen. Butter in einem Suppentopf erhitzen und die Zwiebelwürfel samt dem Knoblauch bräunen. Mit reichlich Wasser ablöschen, sobald die Zwiebelwürfel eine satte braune Farbe angenommen haben. Nun das Gemüse samt den Kohlrabiblättern in den Topf geben – wer hat, kann auch noch Liebstöckel (Maggikraut) hinzufügen. Leicht salzen. Die Suppe sollte nun 15 Min. langsam köcheln.

Während dieser Zeit wird der Portulak gereinigt und fein gewiegt.

Die Suppe vom Herd nehmen und den Portulak unterrühren.

Mit Salz und Shoyu abschmecken.

Vor dem Auftragen mit fein gewiegter Petersilie bestreuen.

Die feinen Polentastreifen in den gefüllten Suppentassen verteilen.

Polenta

100 g Maisgrieß

1 Prise Meersalz

1/2 l Milch (wahlweise 1/4 l Milch und 1/4 l Wasser)

2 Eigelb

1/2 EL Butter

1 Prise Muskatnuss

1 EL Sonnenblumenkerne

1 EL süße Mandeln, gemahlen

1 EL Kokosflocken

Butter für die Form

Gemüsesuppe

1 Kohlrabi mit zarten Herzblättern

1 Mairübe

2 mittelgroße Möhren oder Pastinaken

1 Handvoll grüne Sojabohnen

2 Handvoll Spargelerbsen

3 Handvoll Portulak

1 mittelgroße Zwiebel

3 Knoblauchzehen

1 EL Butter

Meersalz

Shoyu nach Geschmack

Petersilie zum Verfeinern

Anhang

Kompetente Ansprechpartner

Zum Stand der Gentechnik:

Oeko-Institut e. V.
Institut für angewandte Ökologie
Freiburg – Darmstadt – Berlin
Bereich Gentechnik
Postfach 6226
D-79038 Freiburg
Tel.: (0761) 4529537
Fax: (0761) 475437
gentechnik@oeko.de
www.oeko.de

Zur Arbeit an einem umfassenden Sortiment an vitalen, charakterstarken Gemüsesorten:

Kultursaat e. V.
Auguste-Victoriastr. 4
D-61231 Bad Nauheim
Tel.: (06032) 918617
Fax: (06032) 918622
info@kultursaat.com
www.kultursaat.com

Arche Noah
Obere Straβe 40
A–3553 Schiltern
Tel.:0043 2734 8626-0 (vormittags)
F: 0043 2734 8627
info@arche-noah.at
www.arche-noah.at

Bildungsarbeit: Lehrgänge, Seminare & Publikationen. ErhalterInnennetzwerk & Sammlung gefährdeter Gemüse- und Getreidesorten („ARCHE NOAH-Sortenarchiv" mit über 6.500 Herkünften) Sortenerhaltung, Entwicklung und Informationsgewinnung. ARCHE NOAH Schaugarten mit Bio-Raritäten-Pflanzen und Bio-Raritäten-Saatgut aus Kooperationen mit Bio-Partnerbetrieben zum Mitnehmen.

Pro Specie Rara
Engelsgasse 12 a
CH-9000 St. Gallen
Tel.: 0041 71-2227420 (vormittags)
Fax: 0041 71-223 7401
E-Mail: sekretariat@psrara.org
www.psrar.org

AKTION BANTAM-MAIS
Marienstraβe 19–20
D-10117 Berlin
Tel.:(030) 24 04 71 46
Fax: (030) 27 59 03 12
E-Mail: info@bantam-mais.de
www.bantam-mais.de

Die Zukunftsstiftung Landwirtschaft fördert wegweisende Projekte der ökologisch und sozial nachhaltigen Landbewirtschaftung. Zu den Schwerpunkten gehören die ökologische Saatgutforschung, interdisziplinäre und ganzheitliche biologische Forschung, Lehre und Bildung sowie Fragen der ökologischen Tierzucht.
Die Stiftung organisiert die europaweite Initiative „Save our Seeds" für die Reinhaltung des Saatguts vor gentechnischer Verunreinigung und ist Mitinitiator der Kampagne Bantam-Mais, die sich für gentechnikfreie Landwirtschaft, Saatguterzeugung und Kulturpflanzenvielfalt in Deutschland einsetzt.

Verein zur Erhaltung und Rekultivierung von Nutzpflanzen in Brandenburg e. V. VERN
D-16278 Greiffenberg
Burgstraβe 20
16278 Greiffenberg
T.: (033334) 70232
E-Mail: vern_ev@01019freenet.de
www.genres.de/infos/vern/
Dokumentation und Recherche zu historischen Kulturpflanzen, Saatgutvermehrung nach GÄA-Richtlinien, Schau- und Vermehrungsgarten in Greiffenberg/Uckermark, Saatgutarchiv mit ca. 2000 verschiedenen Herkünften, Saatgutkatalog mit Erhaltungssorten, Netz von Schau- und Erhaltungsgärten in Berlin-Brandenburg, Anbauberatung und Umweltbildung

VEN Verein zur Erhaltung der Nutzpflanzenvielfalt e.V.
Ursula Reinhard,
Sandbachstr.5,
D-38162 Schandelah
T/F.: (05306) 1402
ven.nutz@gmx.de
www.nutzpflanzenvielfalt.de
Erhaltung von alten Sorten und vernachlässigten Nutzpflanzenarten ; alljährlich dokumentiert und ergänzt in Samenliste (Datenbank mit 3500 Herkünften); langfristige Sortenbetreuung bei Patensorten (auch für Nichtmitglieder); alljährlicher Arbeitsschwerpunkt „Gemüse des Jahres"; Öffentlichkeitsarbeit: „Tag der Kulturpflanze".

Sativa Rheingau GmbH
Ökologisches Pflanz- und Saatgut
Klosterplatz
CH–8462 Rheingau
Tel.: 0041 523049160
Fax: 0041 523049161
E-Mail: sativa@sativa-rheinau.ch
www.sativa-rheinau.ch

Sativa Rheingau AG arbeitet ausschließlich mit biologischem Saatgut. Unser Sortiment umfasst ca. 400 verschiedene Gemüse-, Kräuter- und Blumensorten. In unserem Sortiment befinden sich viele alte und seltene Gemüsesorten. Hier haben wir eine intensive Zusammenarbeit mit der Stiftung Pro Specie Rara. Bei den meisten von uns angebotenen Sorten führen wir selbst die Pflege- und Erhaltungsmaßnahmen durch und passen so die Sorten ständig an die Bedürfnisse des biologischen Anbaus an.

Bingenheimer Saatgut AG
Kronstrasse 24
D-61209 Echzell
Tel.: (06035) 1899-0
Fax: (06035) 1899-40
info@oekoseeds.de
www.oekoseeds.de

Saatgutversand von über 360 Sorten Gemüse, Kräuter, Blumen. Sorten speziell für den Ökolandbau und den engagierten Hobbyanbau. Saatgutproduktion geschieht in einem Netzwerk von ca. 100 Öko-Gärtnereien (Initiativkreis für Gemüsesaatgut aus biologisch-dynamischem Anbau) in Deutschland, den angrenzenden europäischen Ländern sowie Israel und Ägypten. Alle Sorten sind samenfest. Ca. 300 Sorten sind in biologisch-dynamischer Erhaltungszucht, 40 Sorten aus biologisch-dynamischer Züchtung des Vereins Kultursaat e.V.

Dreschflegel
Postfach 1213
D-37202 Witzenhausen
Tel.: (05542) 502744
Fax: (05542) 502758
dreschflegel@biologische-saaten.de
www.Dreschflegel-saatgut.de
Bildungsarbeit: Lehrgänge, Seminare & Publikationen. ErhalterInnennetzwerk & Sammlung gefährdeter Gemüse- und Getreidesorten.

grüner Tiger
Versandhandel
Pfarräckerstrasse 13
D-90522 Oberasbach
Tel./Fax: (0911) 698430
info@gruenertiger.de
www.gruenertiger.de

Erhalt der Sortenvielfalt von aussterbenden Wild- und Kulturpflanzen. Das Sortiment umfasst über 1.000 Sorten „vergessener und wiederentdeckter" Pflanzen aus aller Welt.
Das Saatgut der Serie ‚Kokopelli' stammt aus biologischer Vermehrung per Handauslese und ist kompromisslos gentechnikfrei sowie samenecht. Keinerlei Hybridsorten!
Der Erlös des Kokopelli-Sortiments wird zugunsten von Selbsthilfeprojekten (Brasilien, Indien, Tsunami-Region) eingesetzt
Einladungen zu Vorträgen und Seminaren werden gern angenommen. Derzeit wird ein unabhängiges Netzwerk mit Patenschaften aufgebaut.

Bio-Saatgut
Ulla Grall
Eulengasse 3
D-35288 Arnsheim
Tel.: (06734) 960379
Fax (06734) 960014
beratung@bio-saatgut.de
www.bio-saatgut.de

Saatgut aus biologischem Anbau für ambitionierte Hausgärtnerinnen und Hausgärtner: mehr als 600 Sorten aus Deutschland, Frankreich, Ungarn und der Schweiz. Schwerpunkt: Alte Sorten, Raritäten, Spezialitäten. Einheimische Sorten und „Exoten", die auch bei uns gedeihen. Sortenerhaltung und -vermehrung auch im eigenen Biobetrieb (Bioland).

Biosem
Susanne + Adrian Jutzet-Jossi
CH-2019 Chembrelien NE
Tel. : 0041 32855 1058
Fax : 0041 32855 1058
web@biosem.ch
www.biosem.ch

Saatgut aus biologischem Anbau und von den höchsten Saatzuchtflächen Europas. Das Sortiment ist frei von Hybriden, Chemie und Gentechnik und wird größtenteils in Handarbeit hergestellt. Schwerpunkt: Gemüse, Blumen, Kräuter, Gründüngung. Jedes Jahr (im August) wird für Interessierte ein Kurs in Pflanzenvermehrung angeboten.

Historische Kartoffelsorten
Tartuffli Naturwaren e.K.
Schulstrasse 16
86919 Utting
Telefon (08806) 923 881
Telefax (08806) 923 882
info@erlesene-kartoffeln.de
www.erlesene-kartoffeln.de
Handel und Vertrieb historischer Kartoffelsorten und Raritäten in allen Farb- und Formnuancen sowie spezieller Herkünfte (Moorkartoffeln; Heidekartoffeln; Schrobenhausener Kartoffeln; Inselkartoffeln; Bergkartoffeln. Größtenteils aus biologischem Anbau.
Bundesweiter Versand.

Die Autorin

Heide Haßkerl wurde 1960 in Mühlhausen/Thüringen geboren. Die Liebe zur Natur erwuchs aus der Kindheit, die auch für Ost-Verhältnisse nicht gewöhnlich war; der Vater arbeitete mit Pferden im Wald und auf dem Feld, die Mutter betreute einen Selbstversorgergarten. Nach einer missglückten, aber abgeschlossenen Berufsausbildung absolvierte Heide Haßkerl überdies eine landwirtschaftliche Ausbildung und entschied sich schließlich obendrein für ein umweltpädagogisches Studium, bevor sie 1997 freiberuflich als Schriftstellerin tätig wurde.

Heute lebt sie auf einem ökologisch bewirtschafteten Bauernhof, wo sie weitestgehend Selbstversorgung betreibt. Sie engagiert sich dafür, dass die einstmals bedeutsamen Kulturpflanzen nicht verloren gehen und dass Natur- und Umweltschutz nicht zu abstrakten Begriffen verkommen. Ihre Erfahrungen spiegeln sich nicht nur in ihren Sachbüchern wider, Heide Haßkerl schreibt auch Romane, Erzählungen, Hörspiele und Kurzgeschichten sowie Beiträge für Fachzeitschriften und gibt ihr Wissen in Seminaren und Vorträgen weiter.